台《たい》湾《わん》余《よ》行《こう》

15人のクリエイターによる、台湾ガイド的ショートストーリー

PARCO出版

はじめに

たっぷりと湿度を含んだ生ぬるい風と、異国情緒溢《あふ》れる街並み。雑多な夜市の匂いと、すぐ横を颯《さっ》爽《そう》と走り抜ける異常な数のオートバイ。最先端のビルが建ち並ぶ都会的な光景と、小さな家々が密集する下町の風情が折り重なる、活気と熱気に満ちた街。過去2回訪れた台湾の思い出はそう多くはないのですが、その情景は今も鮮明に憶えています。

旅のきっかけは、飲み屋さんで知人から聞いたお土産話でした。ガイドブックに載るような分かりやすい場所は出てこず、どれも個人的でとりとめのないエピソードばかり。でも彼の人となりを知る自分にとっては、不思議と心が惹《ひ》きつけられる何かがあったのでした。もっといろんなお土産話を聞いてみたい。できれば台湾に思い入れのある、魅力的な感性を持つ方たちの話を。そしてそれぞれの視点を通して、複雑で広大な台湾の輪郭に迫ってみたい——。本書は、そんなシンプルな動機から生まれました。

登場するのは、15名のクリエイターの方々。何度も訪台した方もいれば、この依頼で急遽《きゅうきょ》弾丸旅行を決めた方（！）まで、スタイルも期間も異なる旅の記憶が収録されています。ジャンルもさまざまな15名がどのように台湾に触れ、どのように記したのか。その違いや共通点を意識しながら読み進めるのも、本書の楽しみ方のひとつかもしれません。

旅を終えて、日常に戻る。数日経《た》つと、元の生活のリズムにするすると馴染《なじ》んでいく。でもあの旅で目にしたもの、口にしたもの、感じたことは、ささやかな弾みとなって自分自身の営みを支えてくれています。身体《からだ》のどこかに残った旅の香りに誘われて、いつかまた台湾を訪れる時が来る。そんな気がしています。

台湾にまつわるそれぞれの余香《よこう》を楽しんでいただき、この本が皆さんの台湾への旅のきっかけになれば幸いです。

台湾余香

15人のクリエイターによる、台湾ガイド的ショートストーリー

目次

我が心の鹹豆漿《シェンドウジャン》　〜大王を求めて〜

タナダユキ

　コロナ禍が落ち着いたら最初に行こうと決めていた場所が台湾だった。初めて行ったのは15年ほど前。海外旅行というのは、驚いたり戸惑ったりの異国情緒にどっぷり触れる楽しさもあれば、異国のはずなのに妙にしっくりくる国があったりするものだが、台湾は明らかに後者だった。同じアジア人なので顔や体格が似ていることもあるにせよ、台湾はなんだか懐かしい感じすらした。ポルトガルに行った時にも感じたが、もし前世というものがあるのだとしたら、ポルトガル人か台湾人な気がしている。

　台湾の人たちの人柄は言うまでもないが、やはり食は外せないだろう。初めての台湾の2泊3日では胃は常に満ち満ちていたが、そんな中、滞在中たった一度だけ食べた鹹豆漿は衝撃だった。一瞬にして私の心（と胃袋）を奪い去った鹹豆漿。当時は「シェンドウジャン」という名称がわからず、帰国後、いかに台湾が良かったか、その中でも特に気に入ったあの食べ物がいかに素晴らしいかを友人などに説明するのだけれど、いかんせん名前がわからないから「豆乳を固める途中みたいなやつ」と言えば「豆腐？」と聞かれ、「いや豆腐じゃない、豆腐のかたまりかけのやつ」などと説明しては自らの語彙力のなさに相手をポカンとさせてしまうことが度々あった。

検索してもレシピも出てこなかった時代、あれをどうしても食べたいと思った私は、試行錯誤で鹹豆漿作りにチャレンジしたこともあるのだが、なんとか見た目は似せられても、肝心の味が全然違ってガッカリ、ということを繰り返した。

時は過ぎ今では鹹豆漿も知名度を得てきたのか、検索したらレシピが上がってくるようになった。今度はレシピ通りちゃんと作る。お碗《わん》にお酢（黒酢が好ましい）と干しエビと小口切りのネギ、刻んだザーサイをスタンバイさせ、温めた豆乳（沸騰させないよう注意）をやや高い位置から注ぐ。仕上げにラー油をかけシャンツァイをのせて出来上がり。鹹豆漿のお供と言っても過言ではない油條《ヨウティアオ》（揚げパンみたいなもの）も作ってみた。美味《おい》しい。見た目も完璧。だがしかし、最初に食べたあの「豆乳のかたまりかけのやつ」には到底敵《かな》わない。どんなに味が近づいても、結局食べているのが自宅である以上、現地の雰囲気には遠く及ばないのだ。これはもう、台湾へ行く以外に道はないだろう。２０２３年、台湾熱がいよいよ高まっていった。

余談だがあの「豆腐のかたまりかけのやつ」の正式名称が「鹹豆漿」であるということが判明したのは最初の訪台から数年後だったのだけれど、なんだかどうにも名前が覚えにくい。あまりの覚えにくさに「ラオシャンロンみたいな名前のやつ」とモンスターハンター２ｎｄＧで相見《あいまみ》えた巨大な古龍種のモンスターに喩《たと》えては「全然わからない」と相手をより混乱させ、完璧に「鹹豆漿」という名称を覚えてからは「鹹豆漿が美味《うま》かった」という話をすると、「シェンドウジャンってなに？」と返ってきて、先に記した「豆乳を固める～」と振り出しに戻り結局伝わらないということを繰り返している。ガイドブックにはおぼろ豆腐、という説明があったりするのでそう伝えることもあるのだが、おぼろ豆腐を食べる回数はそう多くはないというかほとんどないわけだから、やはり伝わらないのである。

そんな伝わらない食べ物、鹹豆漿を初めて食べた店に再訪しようではないか。あの感動をもう一度。そうと決まったら行動は早く、3月、速攻で航空券を取り、各種YouTubeなどを見ては情報を集めていった。しかし今度は店の名前がわからない。初訪問の時はポラロイドカメラを持って行っていたので、その店を撮影していたことを思い出す。グッジョブ自分と、意気揚々と机の隅っこをガサゴソ探し、果たしてそのポラロイド写真を見つけるや、ちょうど店名の入った看板部分が切れているではないか。引け！　もっと引いて撮れ！　店名入れとけや！　と過去の自分を叱責《しっせき》。ホウ・シャオシェン監督の『恋恋風塵《れんれんふうじん》』でも、エドワード・ヤン監督の『牯嶺街《クーリンチェ》少年殺人事件』でも、登場人物の心の機微を引き立たせる手立てとして引き画の絶妙なバランスがあるわけで、映画はアップを多用しさえすれば心情が伝わるというものではない。というより人間は、顔だけで感情を表すものではないからだ。身体《からだ》全体に、なんなら意図せず風になびいた一筋の髪の毛にすら感情は宿るのだから、引いてこそわかる繊細な心の動きというものがある。と、急に映画監督風なことを無理やり付け加えてみたが、言いたいことはただ一つ、引いてこそわかる「店名」だ。引き画がいかに大切かを痛感した次第である。

頼りなさすぎる記憶では、通りに面した店であることと、青い文字で「永和」という文字があったことくらい。ネットで検索すると、「永和《ヨンフー》豆漿大王《ダーワン》」なる名前の店があるという。これだ！　これに

引くべし。

初恋の大王の味。

違いない！　と検索を進めるや、台湾において「永和豆漿大王」という名称の店は相当数あるらしい。チェーン店ではないのに、永和豆漿大王だらけなのである。大王多すぎ問題が発生する。

ちなみに今の台湾（台北市）で一番人気の店はガイドブックにも必ず載っている「阜杭豆漿《フーハンドウジャン》」。朝7時でも行列ができている超人気店である。鹹豆漿は主に朝食として食べるので、今回の2泊3日の滞在では、初日は昼に到着したから、鹹豆漿チャンスは2回。果たして、初めて食べたあの店には辿《たど》り着けるのか。

到着翌日の朝、早速永和豆漿大王へと向かう。店の雰囲気は初訪問の時と似てなくもない。店名の文字のフォントも似ているものの、色が違った。赤い文字なのだ。記憶では青。しかし色は塗り直したかもしれないしとその店へ入ると、店先で蒸し器の湯気が立ち上り、従業員の方たちが忙しく働いている。懐かしい光景だ。肉まんや蛋餅《ダンビン》（台湾風甘くないクレープ）もあるのだが、迷うことなく鹹豆漿と油條を注文する。やってきたそれは、朝食にふさわしい優しい美味しさだった。目覚めて間もない胃袋を労《いたわ》ってくれるような滋味深さ。染みる…とはこのことだ。けれどももしかし、初めて食べたものとはやはり違っていた。これはこれで美味しいと感じながらも、今彼の優しさに幸せを感じながら、振り回された元彼を不意に思い出すような気持ちってこんな感じなのかな？　と思いつつ（多分違う）腹一杯堪能した。

翌日の朝食はイコール台湾最終日となるのだけれど、また別の大王に行くか、一番人気のところへ行くか迷った。迷ったがしかし、結局一番人気を選ぶことにした。そこは別の大王に行けよという話だが、何せ多すぎるのだ、大王が。大王違いだった時のショックは少なからずある。それでなくても

赤い永和豆漿大王。大王違い。

阜杭豆漿。鹹豆漿の写真多すぎ問題。

スネに傷だらけの人生、自ら進んでショックを受けに行くことはないだろう。ならば今回は一番人気をと、阜杭豆漿にしたのだ。そこはミーハーに行きたい。30分ほど並んで入店できたが、この店においてはこれでも早く入れた方。こちらは優しいというよりしっかりめの味付けで、間違いのない美味しさ。塩っけの効いた手堅い鹹豆漿だ。美味しい。とても美味しい。並ぶ価値は十分すぎるほどにある。だがあえて言おう。隙がないのだ。隙のない美味しさの一体何が悪いのだという話だが、いかんせん光源氏が藤壺《ふじつぼ》の女御《にょうご》の面影をいつまでも追うが如《ごと》く最初の鹹豆漿を求めている身からすると、最初の味とはやはり違うと感じてしまうのだ。とかなんとか言いつつこちらもペロリと完食。誤解なきよう伝えるが、どちらの店の鹹豆漿も本当に相当に超ハイレベルに美味しい。台湾に行く機会があったら絶対に行ってほしい店である。店名を書いておいてなんだが、ここに出てくる鹹豆漿の店でなくてもいい。どこの店でもいいから、鹹豆漿を食べてほしいのだ。あなたの心を奪う鹹豆漿が、きっとあるから……。

店によって微妙に味が違うので、そこも楽しめるだろう。どうか一店舗だけで鹹豆漿をジャッジしないでほしい。そして自分の中の唯一無二の鹹豆漿に出会ったときに決して忘れないでいてほしいことは、その店名が永和豆漿大王だった場合、どこの街の大王か把握しておくことと、写真を撮る際には絶対に店名を入れて引きで撮影することである。

台湾から帰国した翌日からまた、台湾関連のYouTubeを見まくっているのだけれど、年内にまた行くかもしれないと思っている。遅くとも来年には行くだろう。その時にはまた、私の大王を探してみようと思う。こうなったら、もう何年かかろうとも、台湾にある大王を制覇してみたいものである。

タナダユキ

映画監督・脚本家。映画、テレビドラマ、配信ドラマだけでなく、CMの演出、小説の執筆もおこなう。映画&テレビ『浜の朝日の嘘つきどもと』(脚本・監督)、映画『ロマンスドール』(原作・脚本・監督/2020年に台湾Spot Taipeiで上映)。映画『マイ・ブロークン・マリコ』(監督/脚本は向井康介氏と共作)は2023年に台湾Zhongli Arts Cinemaで上映され、観客とオンラインQ&Aも行った。

超私的台北ストーリー

夏目知幸

2023年現在、日本のインディ・バンドが東アジア圏でライブを行うのはけっこう普通のことだけど、交流が盛んになったのは2015年頃からだから、それって割と最近の話なのだ。いや、8年も経《た》ってるじゃん、と思うかもしれない。でもコロナ禍もあったし、みんなも色々あったと思うし、感覚的には「ついこないだ」くらいの感じだ。俺が大人になっただけなのだろうか。多分そうなんだろうな。

台湾との繋《つな》がりに限って言えばコロナ禍で3年間途絶えたにもかかわらず、ライブハウスシーンはここ半年でほとんど元通りになりつつあるどころか、以前よりさらに活発になってきている。間に立って関係性を保ち続けた幾人かのキーパーソンの尽力があったからこそだけれど、コロナ禍前の5年間で僕たちミュージシャンやオーディエンスが国を跨《また》いで感じ合い培ってきたものがいかに刺激的で、いかにかけがえのない経験だったかを感じずにはいられない。みんなまたアレを味わいたいと渇望していたのだ。アレって何なのかは現場に来ればきっと誰でも分かるのだ。

2015年以前の話をしてみたい。僕たち東京の音楽ファンやインディ・ミュージシャンはアジア圏の音楽をどう享受していたのか？　である。答えは簡単で、誰も何も気に留めていなかった。いや、ちょっと大袈裟《おおげさ》だけれど、まあ大体そんなもんだったと思う。少なくとも僕の周りは、主に欧米の音楽をチェックして過ごしていたし、それで満足していたし、追いつくのに必死だった。２０１１年まではまじでそんな感じで、２０１１年以降、つまり東日本大震災以降はそれどころじゃなくなった。社会が揺れて、みんなそれぞれ、どう生きていけばいいか一旦考え直さなくちゃいけなくなった。当時25歳だったオレは「やっとバンドがいい感じになってきたところなのに」と思った。「みんな音楽聴くなんて二の次になるかもな」と。けれど、逆だった。あの時ほどインディ・バンドが必要とされた瞬間はない。オーバーグラウンドで流布されるスローガンめいたメッセージではなくて、そこら辺で生きながらやけっぱちでバンドをやっていた僕たちの言葉やスタイルそのものが理解され始めた。

僕らは僕らで実は、その時初めて「歌うべきこと」を獲得した、と思っている。はっきり言ってそれまでは、なんとなく気に食わないことをなんとなく歌ってるだけだった。しかし震災以降は、なんとなくではなく、強烈に気に食わないことが連発した。オレは怒っていた。怒りに任せた若い衝動が『たからじま』というアルバムになった。そのあとちょっと疲れた。バンドにも社会にも先行きのなさを感じた。ＵＳオルタナを下地にしたバンドサウンドにも飽きた。全然人気が出なかったってのもある。「最後に美しいものを作ろう」と思って『AFTER HOURS』と『TAKE CARE』というアルバムを作った。それがちょっと評価されてバンドは一命を取り留めた。両作品とも震災の影響をもろに投影した作品だけど、リリースは２０１４年と15年だから、それなりに月日は流れていた。時間ってそういうもんなんだろうな。最近思うことがある。多分あと3年くらいはパンデミックで食らった感情をそのまま引き延ばされるだろうなって。そしてそのあとはどうなるかというと、みんな全て忘れてしまう。あれ、話がずれた。なんだっけ、そうだ２０１５年にリリースした『TAKE CARE』のリード曲「GIRL AT THE BUS STOP」が台北の女の子、エイミーの耳に届くことになる。彼女は日本旅行中に滞在した阿佐ヶ谷の友人宅で僕らの曲を偶然聴いた。いい曲だなと思った。とてもいい曲だなと思ったらしい。嬉《うれ》しい。しばらくして彼女もバンドを始めた。ＤＳＰＳというギターポップバンドだ。数年後、僕らと彼女らは東京と台北で共演する。人生って不思議。

台北でのライブの翌日、バンドは東京へ戻ったがオレはひとり残った。ツアーはいつだって忙《せわ》しない。どこかへ出向いても、その土地を感じられる瞬間は多くない。空港からホテルへ、ホテルからライブハウスへ、ライブハウスで打ち上げをして、またホテルへ、そして次の日は違う国へ。そんな風に続いていく。この時は台北でツアーが終わりだったから延泊できた。メンバーと一緒にいるのが嫌になっている時期でもあった。ちょっと羽を伸ばしたかったのだ。

夕方までだらだら過ごしたあと、エイミーと彼女の弟と待ち合わせ。延三《イエンサン》夜市。どうしてここなのか尋ねると「昔、弟と同居していたのがこの近く。あと、その時期にあなたの音楽に出会ったから」と彼女は答えた。続けて、「今から行く店は当時私たちが一番よく行っていたお店。本当に毎日のように通ってた。全然観光客向けの味じゃない。けどナツメはそういう味の方が好きでしょ?」「食べてみないと分かんないけど。とりあえずこの街の感じはいいね!　ちょっとつまんない感じ。かなり地味」「裏通りに入ると昔ながらの台北を見ることができるよ。今ではほとんどなくなっちゃったりアルな昔の台北。私たちはそういう時代の後の世代だけど、見ると懐かしい気持ちになる」。彼女の言っていることはとてもよく理解できた。

台北橋の交差点から夜市の通りを北へ3分、目的地の「施家鮮肉湯圓《シージアシエンロータンユエン》」に着いた。確かに、教えてもらわなければ見過ごしそうなごく普通の店構え。しかしすでに店内はほぼ満席だった。地元民でとても賑《にぎ》わっている。着席。「二人の思い出の品を食べたい！　全部お任せするよ！」「ＯＫ！」。程なくして一品目がテーブルに運ばれた。直径4センチくらいの白玉団子みたいなのが3つ、温かいスープに浸《つ》かっている。「これこれ！！」。エイミーのテンションが爆上がる。「これがお店の名前にもなってる肉湯圓《ロータンユエン》だよ。お団子の中にハンバーグが入ってて超うまい。また言うけど、超ローカルな味だから口に合うかは分かんない」。お団子の中にハンバーグ？　肉団子イン団子？　そうか、肉まんの生地が違うバージョンの水餃子エディション、みたいなかんじかね？　とにかく見た目は相当うまそうだし、白くて丸くてかわいい。食べちゃいたい。食べるけど。レンゲで一個掬《すく》って口へ運ぶ。一気に頬張ると火傷《やけど》しそう。前歯で半分に切る。もちもち。皮、最高の食感。赤ちゃんの二の腕みたい。中の餡《あん》、肉、うわ。うわー。うまい。うますぎる。口の中で噛《か》んだ皮と肉がスープに融合していく。やばい。これはやばい。うますぎる。震える俺。冗談抜きで一番うまい。数回台北を訪ねてその度においしいものを食べてきたつもりだが、ダントツで一番にここで出会った。「スーパーハオチー！！！！！！」。叫ぶ俺。「よかったー！！！！！！！」。エイミーも弟も嬉しそうだった。

たらふく食べたあと、先に話に上がった裏通りを散歩。古くて小さい住宅が密集していて、それを

シェアしたくないほどうまい肉湯圓。一人一碗マスト。

見た目は地味だけど全部おいしいぞ。

縫うように狭い路地が張り巡らされている。時折、開けっぱなしの窓から人の声やテレビの音が聞こえた。割れたコンクリートに溜《た》まる水が街灯を映して綺麗《きれい》だった。湿度。風。時間が止まったような感覚。いつか映画で見たような、退屈な台北の姿があった。「他のメンバーのみんなが飲んでるみたいだから、そっちに行こうか」。エイミーが言った。エイミーの弟のスクーターの後ろに乗って、仲間たちが待つライブハウスまで走った。台北といえばスクーターだけれど、案外乗る機会がずっとなかった。やっとこれで台北ピープルの仲間入りだなと思った。ひょうきんなエイミーの弟は終始大声で話しかけてきたけれど、エンジンと風の音でほとんど分からない。もちろん僕が話すことも彼には伝わらない。そうやってふざけているうちに昨日出演したライブハウス・THE WALLの裏手の河のほとりについた。みんな缶ビール飲んでゆるゆるやっていた。広い河の向こう岸で光る街を眺めながら、オレは急にふと「ずいぶん変なところへ来たな」と思った。悪い意味じゃない。想像してなかった未来に来たなと思ったんだった。

夏目知幸｜なつめともゆき
２００９年にシャムキャッツのヴォーカル＆ギターとしてデビュー。日本語によるロックの探求とインディペンデントな活動を通して、多くの若者たちに支持されながらも２０２０年に解散。２０２１年12月、１ｓｔシングル「人生」のリリースとともにSummer Eye名義でソロ・デビュー。２０２２年は、台湾のバンド・ＤＳＰＳのエイミーとのスプリット・7インチや、２ｎｄシングル「求婚」をリリース。２０２３年2月、３ｒｄシングル「失敗」と同曲のＸＴＡＬによるリミックスをリリースし話題に。3月、１ｓｔアルバム『大吉』をリリース。先行トラックの「白鯨」はドラマ主題歌に。ライフワークであるコラージュ制作や、楽曲提供・執筆・ＤＪなど、形態にとらわれない自由な表現で世界のおもしろさに貢献中。

リズムが合うんです

武田砂鉄

台湾に行くと、あちこち歩き回って、夜ご飯を食べて、喫茶店に行って、ドリンクスタンドで別の飲み物を買ってホテルに戻るという、水分を過剰摂取する日々が続くのだが、たとえば、夜9時に終わる喫茶店に8時15分くらいに入ると、「もうそろそろお店を閉めたいなぁ〜」というテンションが店員から漂っている。わりといつもそうだ。

よく行くのは「MR. BROWN（伯朗珈琲館）」というチェーン店なのだが、すでにフロア半分が清掃作業に移行していて、座れないようになっている。店員さんから、あちら側に座ってほしいと促される。台湾の喫茶店はおおよそ広いので、半分だけでも健やかに過ごすことができる。「できるだけ早く閉店作業をしたいのです」という強い意思、そして作業を、少し離れたところから眺めるのも悪くない。

毎年春になると、過度の花粉症から逃れる目的もあり、2週間ほど台北で過ごしてきた。そんなに高くないホテルに居座る。朝、妻と出かけていき、どこかで朝食を食べ、公園でくつろぎ、自分はホテルに戻って原稿を書く。妻から送られてくる昼食の写真に「おいしそー」と冷たい返事をしながら急いで仕事をこなし、夕方、また街に出る。そして、先ほど書いたように、あちこち歩き回って、夜ご飯を食べて、喫茶店に行って、ドリンクスタンドで別の飲み物を買ってホテルに戻るのだ。

そんな2週間は、自分たち夫婦にとって、「いろいろあったけど、今年もなんとかまた来られたね」という確認作業のような滞在になる。帰国すると友人から「で、どこが一番良かった？」と聞かれるのだが、「いや、どこが、と言うほど、どこかに行っていたわけではないんだけど」とゴニョゴニョしてしまうような、ただそこで暮らしてみる2週間なのだ。２０２０年の春からは新型コロナウイルス感染拡大による渡航制限が続いた。ただそこで暮らしてみる、というルーティンが崩れた夫婦は、YouTubeで台北の街にある定点カメラのライブ中継を眺めながら夜ご飯を食べるなどしてみたのだが、さすがに空《むな》しくなってすぐにやめた。

今年6月、4年ぶりに台湾に行った。1週間ほどの滞在で、夫婦のテーマとしては「4年ぶりなので、あそこは変わっていないか、変わっちゃったのか、確認しに行こう！」というもの。これまで頻繁に訪れていた場所を点検しに行くかのような滞在になった。「MR. BROWN」もそのひとつだ。やっぱり早めに閉めたがっていて、でも店員さんが面倒臭そうにしているわけではなく、テーブルを片付けながら、どうぞごゆっくりお過ごしくださいと言いたそうな表情。体の動きと表情がズレているのを見ながら、「変わってないね」とコソコソ呟《つぶや》き合った。

お店に入った途端、「ニッポンメニュー！」と差し出してくれる鶏肉飯のお店。とんでもなく混み合っているのにとんでもないスピードでとんでもなくおいしい料理が出てくる海鮮居酒屋。小さな路地で無愛想に胡椒餅《こしょうもち》を作っている様子に怖気《おじけ》付きながら、指で「1つ」とやるとそのままＬＩＮＥスタンプに使えそうな弾《はじ》ける笑顔で渡してくれる店。どこも変わらない。でも、この数年間、どの場所のどんな商売も「変わらない」を続けるのは難しかったはずで、そう考えると、今こうして「変わらない」と思わせてくれるそれぞれが愛《いと》おしくなる。

台北の街は、視界のどこかにコンビニエンスストアがある。大げさではない。セブン-イレブンを出たところから、別のセブン-イレブンが見えたりする。で、その隣がファミリーマートだったりする。日頃、自分で書いた原稿を一度紙に出力してチェックしないと気が済まない性格なのだが、台湾のセブン-イレブンには、あらかじめネット上に書類をアップし、その番号を入力すると難なくコピーができる仕組みがある。ただし、コピーすることを店員に伝える必要があり、店員さんに「コピー、ボタン、プリーズ」などと不安定な英語を伝えると、レジの下あたりにあるボタンをすぐに押してくれる。今回も何度か利用したのだが、「コピー、ボタン、プリーズ」を言い切る前、「コピ」くらいで、こちらがコピーしたがっていることを察し、笑顔でボタンを押してくれる。優しい。とても優しい。

そう、台湾の人たちは優しい。その優しさには押し付けがましさがなく、淡々と優しい。この淡々というのがポイントで、困っていない時には特に何もしないけれど、ちょっとでも困っている様子を見つけると、何かしらをしなければ、と動き出す。そのスムーズな動きを何度も目にする。朝、地下鉄に乗っても、混んではいるものの、不快な顔で揺られ、ベビーカーなんて受け付けないよ、という私たちが暮らしている国のような緊迫感はない。それぞれの役割や立場を尊重しているように思える。もちろん、1週間や2週間で経験できることなんて限られているし、私たち夫婦が、そもそも、甘めの採点をしに来ている可能性は否めないのだが、東京では、どうしても、不快の芽が開かないように街を歩いている一方、台湾にはその心配が極めて薄い。

台北の街にはあちこちにクレーンゲームの店がある。オフィシャルのアイテムなのか怪しいぬいぐるみ、小さなポーチ、お菓子、そして、洗剤なんてものまである。小さなサイズのものは1回10元。毎回、何度か挑戦するのだが、クレーンの頼りなさもあって、なかなか取れない。その手のお店が賑《にぎ》わっていることは皆無で、20台くらいある店の場合、せいぜい2、3人が使っているくらい。私たちのように夫婦やカップルで挑戦している人は少なく、大抵、一人でやっている。今回見かけたのは、カラムーチョの袋が積み上がっているものを必死に落とそうとしている同世代くらいの男性で、いくらでもコンビニにも置いてある商品なのだが、なぜか彼はカラムーチョを黙々と狙っている。何度かやっても取れないようで、それでもやり続ける様子を見届けながら立ち去ってしまったのだが、なぜわざわざそれを、と思わざるを得ないクレーンゲームに挑戦している人たちがいる。あれはなんなんだろう。

日本のゲームセンターはやたらと爆音が流れているが、台湾のクレーンゲームが並ぶ店は大抵静かで、申し訳なさそうにそれぞれの機械が静かな音楽を鳴らしている。街を歩いていると、コンビニ、ドラッグストア、喫茶店、洋服店、マッサージ店（あっ、「マッサーヅ」になってると確認）、クレーンゲームの店と並んでおり、そして、またコンビニだよ、ドラッグストア多いな、この洋服売れるんだろうか、またクレーンゲームだ、出たっ、志村けんが来たことを売りにしているマッサージ店だ、といった具合に、よくクレーンゲームの店にぶつかる。地下鉄の改札を出たところにもある。ここもまた繁盛しているわけではない。

1週間の滞在中、何度かやった。今回欲しくなったのは、タピオカドリンクに顔がついているキャラクターだったのだが、やっぱりどこもクレーンがゆるゆるで、持ち上げたと思ったら、一瞬で「この重さは無理」と言わんばかりに諦める。いや、諦めすぎでしょと思いながら、また別の店でもやってみる。またダメ。でも、不快にならないし、変な話、別に欲しくもない。そこらじゅうにクレーンゲームのお店があるものだから、たとえはものすごく悪いけれど、犬がマーキングするように10元を投入する。前回来た時から、もう4年も経《た》っているのに、あいかわらずなのだ。あいかわらずで嬉《うれ》しい。長引くコロナ禍で、日本も台湾も自分もクレーンゲームも大変な思いをしたけれど、ひとまず、こうして台湾にやってきて、クレーンゲームもあって、やっぱりクレーンがゆるゆるなのだ。もうそれだけでいいではないか。

どんな街にも、そして街にいる人にも、リズムがあって、台湾のリズムがとてもよく合う。色々なリズムがある。「ニッポンメニュー！」のリズム、コピーのボタンを押してくれるリズム、黙々とクレーンゲームでカラムーチョを落とそうとしている人のリズム。そういうものがやたらと合う。食事がおいしい。うん、おいしい。街歩きが楽しい。うん、楽しい。でも、何よりもリズムが合う。これを正確に文字にする筆力がないのだが、いや、だって、合うものは合うんだもの、と開き直る。そのリズムの合い方が、変わっていないのが嬉しい、4年ぶりの訪台となった。

武田砂鉄―たけださてつ

出版社勤務を経て、2014年よりライターに。2015年『紋切型社会』でBunkamuraドゥマゴ文学賞受賞。他の著書に『日本の気配』『わかりやすさの罪』『偉い人ほどすぐ逃げる』『マチズモを削り取れ』『べつに怒ってない』『今日拾った言葉たち』『父ではありませんが 第三者として考える』などがある。週刊誌、文芸誌、ファッション誌、ウェブメディアなど、さまざまな媒体で連載を執筆。TBSラジオ『武田砂鉄のプレ金ナイト』パーソナリティ。

台灣琴魚紀行

青葉市子

まるで煌《きら》びやかな水槽の中を泳いでいるような。湿度、というよりもはるかに水気を帯びた台北の街。眩《まぶ》しすぎるネオンと、次々と交差するスクーターにヘルメット。鼻から吸った空気の中にほんの一瞬、ぴりりと草木の震える香りがする。途端、大粒の雫《しずく》が落ちて来るのだ。一日に何度も繰り返される通り雨。その度に鳥たちは静まり返り、人々は屋根の下へと駆けて行く。ガジュマルの気根が揺れて、土の香りが満ちる。そのうち雨雲が去ると、同時にあちらこちらから高らかな鳴き声が戻って来る。

初めて台湾に降り立ったのは、2014年の春。ちょうど雨季が始まる頃だった。私は雨の止《や》まない台北のホテルの一室で、よしもとばななさんの『みずうみ』を片手にベッドに横たわっていた。向かいのビルの窓辺には、鳥が落とした種から芽吹いた小さな木が、錆《さ》びた鉄柵から伸び、あたり一面灰色の中であおあおと揺れている。低気圧の中、まどろむひと時が永遠のように感じた。ひれの長い鮮やかな金魚にでもなったような気持ちで、こぽぽと泡を吐き出した。

これまでの台湾で過ごした日々には必ず寺尾ブッタさんが居た。彼は東京・青山にあるライブハウス「月見ル君想フ」のオーナーであり、台北にも姉妹店「台北月見ル君想フ」を経営しながら、BIG ROMANTIC RECORDSというレーベルも立ち上げている。今日までの台湾と日本の親密な音楽交流は、彼無しでは語れぬ程の重要人物ではないかと思う。高雄で夜市に連れて行っていただいた時、盗難防止の電流がかけられている屋外の冷蔵庫に素手で触って感電してしまうようなキュートな方。ハプニングが起こっていたとしても全く動じず、むしろ何だか楽しくなってきたぞのマインドで立ち向かわれる姿に、私も何度もほぐされてきた。

演奏の後、台湾に来たからにはと言って、小籠包《ショーロンポー》の店へ連れて行っていただいた。店内に立ち込める湯気をかき分け、ぺたぺたした席に着くと、細切りにされた生姜《しょうが》がこんもりとのった紙の小皿が出てくる。ここに酢と醤油《しょうゆ》を入れる。煌々《こうこう》とした蛍光灯に金牌《ジンパイ》台灣啤酒《ビール》の緑色の瓶が汗をかく。しばらくして蒸籠《せいろう》で出てきた小籠包を蓮華《れんげ》にのせ頬張ると、思い切り舌を火傷《やけど》した。ビールで冷やそうと思っても既にぬるく、じゅわじゅわと火傷でひりたった舌を小さな泡が撫《な》でるだけであった。耳に流れる言語は、中国語で想像していたような感じでハツラツとしてはいるが、発音に使う空気の量は少なく、喉の方で柔らかく処理されているように聴こえる。ブッタさんに少しずつ台湾語を教えてもらう。「ありがとう」は「謝謝《シェシェ》」ではなくて、「多謝《ドオシャー》」の方が親しみを持ってくれること。繰り返し呟《つぶや》いていると、心なしかあたりの湯気もふかふかと柔らかくなったような気がした。

大学の広場でSKIP SKIP BEN BENちゃんが演奏しているところを通りかかり、ブッタさんが紹介してくれる。彼女とは、このあと台北、ソウルをはじめ、日本でも京都・神戸・高松・小豆島をまわるツアーを行うこととなる。現在は本名・林以樂《リン・イーラー》として活動している彼女。家に呼んでくれたり、お茶をしたり、バイク二人乗りで台北中を走り回ったり、台湾に行くたびに夜遅くまで一緒に鍋をつついてお喋《しゃべ》りをした。お祖父《じい》さまが日本にまつわる文献を書いていらっしゃることもあって、日本語もとても流暢《りゅうちょう》に話す彼女。楽屋で二人でジョアン・ジルベルトのコード進行を研究したりした。ツアーはいい具合にはちゃめちゃで、なぜかソウルの空港でターミナルを間違え、搭乗間際に二人してギターを背負いながら猛ダッシュした思い出もある。

台北での打ち上げといったら、建国《ジェングオ》にある「魯旦川鍋《ルーダンチュアングオ》」。演奏を終えて、サイン会を行ったり、機材を撤収したりしているうちに0時近くなってしまうけれど、ここは深夜2時まで営業していていつも安心して食べに行ける。

スープはいくつか種類があって、辛くない薬膳と少し辛めの小辣《シャオラー》の2種を、仕切りをつけた一つの鍋（鴛鴦《おしどり》と言うみたい）でぐつぐつと温めていく。たくさん具材を入れたり、みんなでスープを飲んで薄まってくると、追加注文せずとも自動的に店員さんが注《つ》ぎ足してくれるシステム。

乾燥湯葉や薄切りに巻かれたラム、つみれ、きのこがいつもあった。カウンターの側《そば》には、パクチーやピーナッツ、白酢、サーチャージャン、唐辛子などの調味料やハーブがてんこ盛りに置いてあり、自分の皿に自由に盛って良い。私とマネージャーはパクチー大好き人間なのであっという間に薬味コーナーのボウルいっぱいのパクチーを平らげてしまって、その度に店員さんが表情ひとつ変えずにボウルを元通りもりもりにしてくれる。

ある時、街じゅうの道に火が落ちている時があった。昼間からずっと線香の香りがして、どこから

台北の風を切って走る、BEN BENちゃんと。

火が飛び跳ねる。神さまの破片が身体を出たり入ったり。

ともなくカセットテープから古い歌謡曲のような歌声が聞こえてきていた。その夜のこと。いつものように台北月見ル君想フで公演を終えて外に出てみると、数人で担いだ神輿《みこし》の下で爆竹が破裂していた。爆竹の火花は瞬く間に神輿に燃え移り、一瞬にして黒焦げになった。あたりに置かれていた花火も同時に点火され、道じゅうが色とりどりの火花に包まれる。酸っぱい煙に咽《む》せながら、何事かと人々に尋ねると、神様へのお祭りらしかった。爆音に耳がキーンとなりながらも、すっきりと何かが祓《はら》われたような気がして気持ちが良かった。なんの前触れもなく突然道端で火が上がり、爆竹が飛び跳ねるなんて、日本だったら誰かが怒り出しそうなのに、人々はみんな笑っていたのが印象的だった。燃えた後の灰や紙屑《かみくず》は持ち帰ると縁起が良いそう。

しばらく台北ばかりだったけれど、知久寿焼《ちくとしあき》さんとのツアーで台中まで足を伸ばすことができた。移動は基本的にバス。乗り込む前に青菜とキノコがたっぷり入った野菜饅《まん》を買って、バスの中で食べる。新幹線に乗ったこともあるけれど、街の様子がゆっくり見られるので私はバスが好き。

そういえば台湾には温泉もあって、北投《ベイトウ》温泉はとても良かった。台北からＭＲＴ淡水《ダンシュイ》線に乗り、北投駅からＭＲＴ新北投支線に乗り換えて新北投駅で下車すると、仄《ほの》かな硫黄の香りが立ち込めてくる。山の上から見渡す街並みが次第に夜に包まれ、ぽつぽつと灯《とも》るネオンや家々の明かりにほっとした。次に北投温泉に行く時は瀧乃湯《たきのゆ》と決めている。

それから、忘れてはいけない甘いもの。花生酥《ホワションスー》という、落花生を砕いて固めたほろほろとしたクッキーのようなお菓子があり、あるとき現地スタッフのシカちゃんにいただいて、あまりの美味《おい》しさに大騒ぎして買いに行った。

知久さんとのバス旅。虫の話をしていた気がします。

大橋頭駅《ダーチャオトウ》の近くにある老舗《しにせ》の林華泰茶行《リンホワタイ》というお茶問屋さんでは、ドラム缶ほどの巨大な茶缶がずらりと並び、さまざまな種類の台湾茶の蓋《ふた》を開けて香りを楽しみながら選べる。演奏があると毎回忙《せわ》しなくなってしまうけれど、たまには一日何にもしないで、大きな木を眺めながら花生酥をつまんで何時間もお茶してる日があっても良いなと思う。台湾は街の真ん中にも大きな木がたくさんあって鳥たちが宿っている。大きな通りだとクラクションに紛れてしまうけれど、一つ狭い路地に入ると途端に静かで、美容室のお母さんがハサミを滑らせる音まで聞こえてきそうなくらい。そこでちょっと腰掛けて、風を感じながら鳥たちの声に耳を傾ける時間も至福だと思う。小径《こみち》には骨董品《こっとうひん》屋さんもたくさんあって、箱に集められた昔のバッジの中から宝物を発掘するのも楽しい。

目を閉じると、人懐こくて優しい人々の顔が浮かぶ。

その昔。琉球《りゅうきゅう》王朝の時代、多額の税を要求された波照間《はてるま》島の人たちが、島から逃げるためサバニに乗って命懸けで目指した島があった。その島は南波照間《パイパティローマ》島といって、本当に存在しているのかは明らかになっていないが、一説によると台湾のある島なのではないかとも言われている。波照間からの潮の流れで、そこにたどり着くそうなのだ。いつか行ってみたい。コロナもあって数年台湾には行けていなかったけれど、琉球をテーマに創作しているといつも台湾の欠片《かけら》がふっと現れ、傍《そば》に感じるのだった。

さくほろの夢のようなお菓子。また食べたい。

青葉市子―あおばいちこ
音楽家。自主レーベルhermine代表。2010年デビュー以降、これまでに7枚のオリジナルアルバムをリリース。クラシックギターと歌を携え、現在ワールドツアー中。〝架空の映画のためのサウンドトラック〟『アダンの風』発表以降、ストリングス編成でのコンサートも行っている。映画『こちらあみ子』では劇中音楽と主題歌を担当し、第77回毎日映画コンクールにおいて音楽賞を受賞。ラジオDJやナレーション、CM・映画音楽制作、芸術祭でのパフォーマンス等、様々なフィールドで活動中。

swim in the night

石田真澄

石田真澄｜いしだますみ
１９９８年生まれ。２０１７年5月、自身初の個展「GINGER ALE」を開催。２０１８年2月、初作品集『light years -光年-』をTISSUE PAPERSより刊行。２０１９年8月、2冊目の作品集『everything will flow』を同社より刊行。２０２２年4月、2年をかけ女優・夏帆を追った写真集『おとととい』（SDP）を刊行。同年5月には、二十歳になった女優・八木莉可子、初めての写真集『Pitter-Patter』（青幻舎）を刊行。雑誌や広告などで活動。

台湾の〝ゆるさと〟探しの旅へ

田中佑典

コロナ禍がようやく落ち着き、僕は２０２２年11月に約３年ぶりの台湾へ向かった。行き先は台北ではなく、高雄だ。

コロナ禍直前の最後に滞在したまちは高雄で、そして高雄空港から帰国した。

あの夜最後に食べた六合《リウフー》夜市の「方記水餃《ファンジースイジャオ》」の水餃子と酸辣スープ。３年ぶり、一発目のご飯はあの日と同じものと決めていた。時間が経《た》てばこれまでの思い出も〝発酵〟してむしろ旨味《うまみ》が引き立つ。水餃子を頬張りながら当たる暑い11月の高雄の夜風は心地よく、何でもない夜市や街並みの景色が美しく、台湾に帰って来られたことが本当に嬉《うれ》しかった。

さて、高雄には特別な思いがある。その理由は故郷でもない、第三の故郷「ゆるさと」があるからだ。２０１８年の夏、僕は「高雄微住」と題した旅の際、高雄の内陸の山深いまち、六亀《リウグイ》と出会った。

「微住《びじゅう》®（以下「微住」とする）」とは僕自身が２０１７年に地元福井県で提唱を始めた新しい旅の形である。福井のような地方でその地域の暮らしを味わう方法として、１週間以上２週間未満の少し長めの滞在をしながら、一過性ではなくその地域と長く関係を育み、自分のゆるさとを作っていくのがこの旅だ。福井県の各地で台湾人の微住者の受け入れを行った一方で、僕自身もアジア各国の地方／ローカルへの「アジア微住」をライフワークとして始め、台湾ではその第一弾を高雄で実施した。

微住という旅を始めた経緯はいくつかある。まずひとつに、僕は台湾に行き始めて10年以上経つなかで、敢《あ》えて現地に住まないスタイルを選んできた。理由は〝まれびとの視点〟を大事に、外から台湾を見て、常に新鮮な目線で面白いものを拾い上げたかったからだ。最初は新鮮なものも徐々に慣れ、そして飽きがくるもの。人間関係と一緒で、まちや物事に対しても距離感は重要だ。

そんなまれびと的な人物はこの台日間には多く存在し、住んでいないからこそその土地のことを深く掘り、良い意味でズレのある視点で切り開く。そんな〝ズレの編集〟を僕自身も企画や活動で大事にしてきた。

もうひとつに、まだ〝インバウンド〟という言葉をあまり聞かなかった頃から台湾人のまれびとたちは、すでに日本の地方／ローカルへの旅行や、それに関するアウトプットを始めていた。台湾のカルチャーマガジン『秋刀魚《サンマ》』での日本を紹介する独自の切り口、男子休日委員会の『左京都男子休日』という京都の左京区の暮らしに特化した本は当時衝撃を受けた。また、今ではコロナ禍もあり台湾でも台北一極集中から各地ローカルで活動する人も増えているが、当時から台中にこだわり台中に特化したクリエイターチーム「ARTQPIE」との出会いも僕にとっては大きい。そんな出会いもあり僕自身もコーディネーターの仕事としては東京／台北間がメインであったが、個人的に台湾の地方へちょくちょく行き始め、まだ知らない台湾探しに興味を持ち始めた。同時に故郷福井の可能性も感じ始めた。そしてこの微住という言葉は、たまたま台湾のドリンクスタンドのメニュー表の「微糖」の文字を見たときにピンときた。中国語だと「wei zhu（ウェイズゥー）」と発音は違うが、日本でも中華圏でも翻訳せずに共用できる新たなキーワードとしてこのとき名付けた。

2018年、高雄微住中に僕は初めて六龜を訪れた。高雄で知り合った友人がここ六龜生まれで、彼の帰省のタイミングが重なり中心部から車で1時間半ほどの内陸へ向かった。地図を見ると、これまで僕が訪れてきた高雄は中心部ばかりで、高雄市としてはずっとずっと大きく、内陸の山地まで広がっている。ここが本当に高雄なのかと疑うほど霧深く、山地に囲まれた人里離れたまち。最初はそんな印象だった。そこで紹介してもらったお茶農家、欣園製茶《シンユエンジーチャー》の3代目の、阿勇《アーヨン》から「しばらくうちに住んでいいよ」と声をかけてもらい、急遽《きゅうきょ》始まった「六龜微住」。

微住中は普通の旅より時間が十分にあるからこそ、地元の人たちの暮らしと同じペースで滞在できる。よく日本でも地方に行き、まちを案内してもらうことがあるが、案内する側も短時間で効率的に、綺麗《きれい》にまとめなくてはならないところに問題があると思う。なので、いつも「へぇ〜、素敵なまちだな」止まりが実は多い。小さなまちであればあるほど、誰にでも伝わるはっきりとした魅力は数が限られていて、それを巡っただけではその地域の本当の魅力はわからない。だからこそ必要なことはホストもゲストもお互い時間をかけることなのだ。

六龜は「山茶」という台湾原生のお茶の最大産地である。僕は山の上にある阿勇の茶畑で、農園のおばちゃんのような花柄の作業着で茶を摘み、その後工場で殺青／揉捻《じゅうねん》／乾燥など茶葉になるまでのすべての工程をじっくり体験した。また、ある日は阿勇の友人の秀玲《シォウリン》姉さんの農家にお邪魔して、お

田中茶（台味）

手伝いをさせてもらうことに。体験という言葉をはるかに超える重労働。高雄の真夏の炎天下で、数十個の大きなバケツ満タンに大量の胡瓜《きゅうり》を収穫した。この胡瓜は台北のスーパーに運ばれるそうだ。自分が汗をかいて収穫した胡瓜が台北のスーパーに並ぶと想像するとなんとなく嬉しい。

地域のタメに手足を動かしたり、自分ができることを滞在中に行う〝タメづくり〟こそ、微住ならではのものづくり。そんなアプローチによってこそ地域の内側にちょっとだけ入れてもらえる感覚になり、グッとその地域が自分ごとになる。ある意味でこれは特別な〝sightseeing〟だ。

こんな旅をしているとつくづく思うことは「目に見える賑《にぎ》やかさでは、まちの魅力は量れない」ということだ。〝映えるはバレる〟。大事なことは自分の愛をどう着陸させるか、〝愛着〟次第。台湾は広い、まだまだ知らない台湾で愛着を持てるまちに出逢《であ》う可能性は無限にある。観光スポットのように自分が現地に行かなくてもネットを調べればなんとなくどんな場所かがわかるよりも、自ら発掘や開拓するようにまちを歩き、気になったら入ってみる、触れてみる、話してみる、食べてみる。そこから自分の愛着と比例して地域の旨味がじゅわっと出てくる、そんな旅は少し面倒くさいかもしれないが、そこにこそ〝負荷価値〟という付加価値が眠っている。

1週間以上2週間未満というのは「深いけどちょっと物足りないくらい」の塩梅《あんばい》。いよいよ楽しくなってきたというところで別れがくる。だからこそまた会いに行きたくなる。六龜は見事に僕のゆるさととなり、翌年の夏も里帰りのようにまた阿勇たちに会いに行き、コロナ禍の3年を経て、久しぶりの再会もようやく果たせた。それがこの微住の醍醐味《だいごみ》、一期一会ではない〝一期三会〟だ。

便利な世の中、どこでも住めてしまう世の中だからこそ、自分のご縁に沿ってここがいいと思えるゆるさとを国内外に数か所持つことが、暮らしの財産になるはずだ。暮らしと旅に実は仕切りなんてなくて、マガタマのように曲線で混ざり合う、それは「微」のごとし。旅もお金をかけるとより速く、より快適になるかもしれない。だが時間をかけるという、もうひとつの軸での旅の価値が見直されてもいいのでないかと思う。巷《ちまた》ではコスパやタイパという言葉が蔓延《まんえん》しているなかで、地域側も映えを盲信し、むしろどんどんと味わいのようなものを削《そ》いでしまっている気もする。だからこそ、わかりづらいまちをわかりづらいままに、時間をかけて少しずつ味わう旅の価値を日台のこれからの旅のカルチャーとして根付かせていけたらと思っている。

微住は誰でも手軽に行ける旅ではないかもしれない。ただ一日でも多く時間をかけて、台湾のまだ知らなかった地方へ。そこにはあなたのゆるさとがきっと待っている。

田中佑典｜たなかゆうすけ
職業、生活藝人。アジアにおける台湾の重要性に着目し、２０１１年から日本と台湾をつなぐカルチャーマガジン『ＬＩＰ 離譜』の発行、台日間での企画やプロデュース、執筆、コーディネーターとして台日系カルチャーを発信。現在は台日間を中心に、アジアのローカルな生活体験と地域に携わる旅の形〈微住®〉を提唱している。中国語の語学教室〈カルチャーゴガク〉主宰。２０１８年度ロハスデザイン大賞受賞。２０２３年7月より台湾全土を全て歩いて台湾ローカルを発掘する旅「台湾微遍路」を実施中。

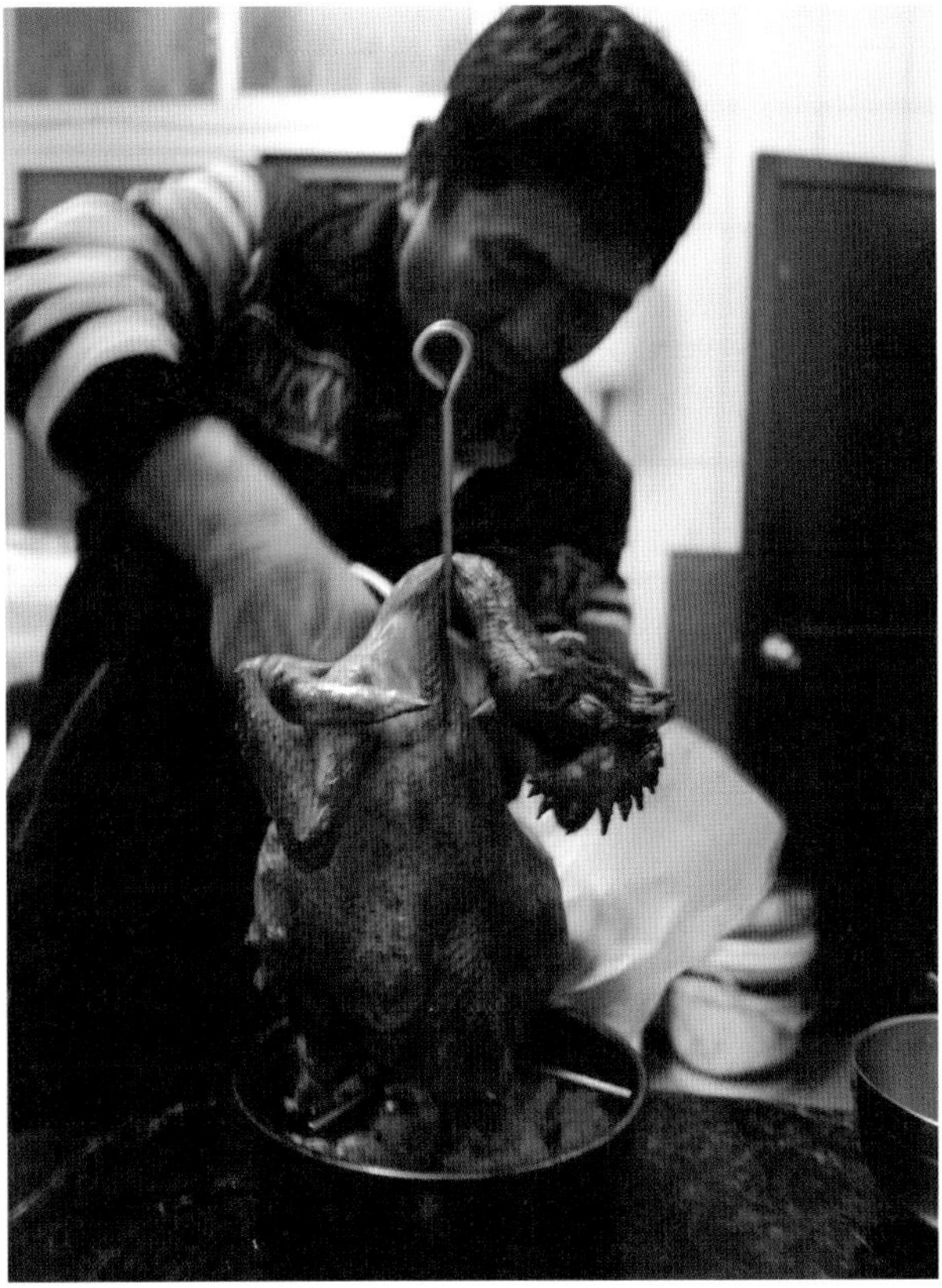

子連れで楽しむ台湾旅行

星野奈々子

台湾との出逢い

「なんでこんなに台湾が好きになっちゃったんだろう」

息子が6歳のとき、3回目の家族での台湾旅行でつぶやいた言葉です。私が大好きな台湾を気に入ってもらえて嬉《うれ》しい！　と思った瞬間でした。

台湾に初めて行ったのは社会人になって2年目の出張でした。頻繁に出張を繰り返し、人懐っこい台湾の人たちや美味《おい》しい食べ物に魅了され、大好きな場所になりました。仕事で行く機会がなくなったあとも何度も旅行で訪れ、訪台歴は50回をこえます。

日本からのフライトは3時間程度で時差も少ないので、比較的気軽に行ける上、街行く人たちが子連れの人に優しいのが嬉しいところ。

子連れ旅行は、特に海外では予定通りにいかないことばかりです。想像以上に暑くて疲れてしまったり、変な時間に寝てしまったり、昼ご飯でお腹《なか》いっぱいになり、夜ご飯が食べられなかったり。子どもと一緒に行くようになってからはあまり予定を立てすぎず、臨機応変にゆっくり過ごすことが多くなりました。行きたい場所や食べたいものは事前に調べておきますが、そのうち半分も行けたら充分。何より、旅行中に子どもの笑顔がたくさん見られることを重視して動くようにしています。

子どもと食べる台湾グルメ

台湾旅行での一番の楽しみはやはり食べもの。中華料理は辛いものや八角などの香辛料が強いイメージがありますが、台湾の料理は比較的優しい味付けのものが多く、八角や五香粉《ウーシャンフェン》などが入っていても日本の和食に近い調味料を使っているので子どもでも食べやすいものが多いです。

好きな台湾グルメはたくさんあるのですが、家族旅行のときには息子や夫が気に入ってくれそうな場所に連れて行きます。私は台湾の定番の朝ご飯である豆乳の温かいスープ「鹹豆漿《シェンドウジャン》」が大好きなのですが、息子はそこまで好きではないので、数ある鹹豆漿のお店の中でも小籠包《ショウロンポー》や焼き餃子のメニューがあるお店を選んでいます。大人は鹹豆漿を頼み、息子には小籠包か焼き餃子を頼んで、卵の入ったクレープのような「蛋餅《ダンピン》」をシェアすればどちらも満足。

小籠包をメインに食べに行くときは、「點水樓《ディエンシュイロウ》」が気に入っています。安くて美味しいお店はたくさんあるものの、予約ができずにいつも行列だったり、屋台だと暑すぎて落ち着いて食べられなかったりすることも。待ち時間が少なくて座席が広く、快適な温度でゆっくりと食べられることは子連れには重要なポイントです。もちろん美味しいことは大前提。小籠包はひだの数が14以上がよいとさ

れているそうで、私も何度も練習したのですが、実際にやってみるとそれがどれだけ難しいことか気付かされます。ここの小籠包はひだの数も多く、スープの含み具合も完璧で、その美しさに惚《ほ》れ惚《ぼ》れします。小籠包の完成度の高さでは、「鼎泰豊《ディンタイフォン》」も。日本にもあるので、わざわざ台湾で行かなくても、と思うかもしれませんが、本店はエンターテインメント性も高く、さすがの美しさ、美味しさでした。

そして、雲南料理の「人和園《レンフーユエン》」も必ず行きたいお店のひとつ。「鶏油碗豆《ジーヨウワンドウ》」という名物の緑の豆のスープは鶏の旨《うま》みが詰まった優しい味です。初めてこのスープを飲んだときの息子の言葉を失った顔は今でも忘れられません。帰国後にあのスープを作って！ とお願いされて、鶏肉のだしとスナップエンドウの中の豆で真似《まね》をして作ってみましたが、手間も時間もかかり、やはり本物とは一味違う仕上がりで、ありがたさが身に沁《し》みました。あっさりとした味の熱々の鶏のスープにしゃぶしゃぶのように生の豚肉をくぐらせ、卵麺を入れた「過橋麺《グオチャオミエン》」もほっとする味わいでしめには欠かせません。

お店の方が気さくでサービス精神が旺盛なのも嬉しいところ。子どもにも優しく、小さなマスコットをくれたり、水槽にいる魚にあげるためのエサをくれたり、いつも楽しませてくれます。

デザート系では「かき氷」一択。日本でよく食べるかき氷と違い、氷はふわふわ。氷自体にもミルクなどの味がついていることが多く、溢《あふ》れそうなほどの果物やアイス、プリン、ソースなどのたくさんのトッピングがポイントです。マンゴーなどのかき氷専門店も良いのですが、街なかの果物屋さんでかき氷が売っていることもあります。旬のとびきり美味しい果物とふわふわかき氷が両方食べられて得した気分に。写真を見返すたびに美味しさと息子のきらきらした笑顔が蘇《よみがえ》ってくるのです。

地元の子どもたちに交じって遊ぶ

息子が小学校入学前はどこへ旅行に行っても現地の公園に行くのが定番でした。台北にある大安森林《ダーアンセンリン》公園は台北中心地にありながら広くて自然が多く、遊具もたくさんあるので未就学児におすすめの場所です。

台湾では習い事としてインラインスケートが有名なようで、ちょうど公園に行ったときにインラインスケートのレッスンをしていました。息子と一緒に興味津々で眺めていると、先生が「体験レッスンもできるからやってみる?」と声をかけてくれました。

日本ではローラースケートさえやったことのなかった息子。安定感のないインラインスケートは履いて立つのがやっとなくらいでしたが、インストラクターの先生に手を繋《つな》いでもらって何周か歩き、慣れてきたようです。

ヘルメット、プロテクターなども貸してもらい、台湾の子どもたちに交じって途中転びながらも何とか滑れるようになっていました。先生たちも最初は中国語で話していましたが、途中から息子でもわかるように「ワンツー、ワンツー、……Ｇｏｏｄ!」と英語で話してくれるように。まるで台湾に住んでいるような体験ができた良い思い出です。

大安森林公園にはカラフルな遊具の近くに発砲スチロールでできた飛行機を売っている屋台があります。この飛行機は安価で簡単な組み立て式なのですが、尾翼を差し替えると飛び方が変わったり、うまく飛ばせると速度が出たり急カーブができたり、とてもよくできています。隣の広場には飛行機を飛ばす子どもたちがたくさんいるのですが、ぶつかっても軽量なので痛くなく、怪我《けが》の心配がないのも良いところ。面白くてなかなかやめられず、他のところに行く時間がなくなるのが欠点でもありますが、持ち運びもしやすいので、いくつか買って日本に帰ってからもよく遊んでいました。

スーパーでの買い物

食文化の違いが最もわかりやすいのが現地のスーパーマーケット。見たことのない食べ物が並んでいて眺めているだけでもわくわくする場所。息子は習い事のお友達と自分へのお土産にドライフルーツを買いたいと探していましたがいろんなお菓子に目移りして楽しそうに選んでいました。私は調味料や乾麺などの消費期限が長くて持ち帰れそうなものや、ホテルに持ち帰ってすぐに飲むビールやジュースなど、珍しいものを見かけるとつい買いたくなってしまいます。

また、日本とは違う個包装の少ない陳列を見るのは子どもだけでなく大人も新鮮な驚きがあります。日本ではここ数年でスーパーなどでのレジ袋の有料化が始まりましたが、台湾では20年以上前からどこのお店でも袋はもらえず、「我要袋子《ウォヤオダイズ》（袋をください）」はかなり初めの方に覚えたフレーズです。今更ながら、台湾は昔から環境への意識が高かったことに気付かされました。ここ数年はもちろんエコバッグを持参しています。

スーパーで必ず購入するのが果物です。マンゴーやライチ、パイナップルや釈迦頭《しゃかとう》など、美味しい果物が安価で売っています。特にライチは店頭に並ぶ期間が短いので、わざわざその時期を狙って行きたいほど。実がやわらかくて甘くてジューシー。枝についたまま、花束のように包まれて売られていて、買うときは全部食べられるかなと不安になるくらいですが、ホテルに持ち帰って食べているとあっという間になくなります。息子が初めて食べたときは「世界一美味しい！」と目を丸くしていました。最近は日本にも台湾からの輸入品が並んでいますが、現地で食べたときの美味しさと比べると別物です。ライチを見かける6月になるといつも台湾を思い出します。

台湾の人の温かさ

移動中の地下鉄（MRT）でのこと。空いているというほどではないけれど、全員がちょうど座席に座れるくらいの混み具合で、息子は座席に座っていました。次の駅に着き、高齢のご夫婦が乗ってきたので反射的に息子が立ちあがり、お二人がそこに座りました。その後、いろいろと話しかけてくれたのですが、言葉が全くわからない息子は戸惑い気味。それでも国の名前とおぼしきいくつかの言葉を聞き取って、「Japan」と答えると、「Japan, Japan」と満足げに頷《うなず》いていました。

私たちが降りるときになると、ミニカーを取り出し、満面の笑みで息子に差し出しました。お孫さんがいらっしゃるのか、持ち歩いていたようです。息子がどうしよう、という目で私を見るので「いただいたら？」といってありがたく頂戴しました。唯一話せる「謝謝《シェシェ》」を繰り返し、ニコニコと手をふるお二人とお別れしました。

ほんの数分のことでしたが、いまだに忘れない、ほっこりとする印象的な出来事でした。今の日本、特に都会では電車やバスなどの公共交通機関で交流をすることはあまりないことだと思います。知らない人にはよっぽどでない限り話しかけにくい雰囲気です。

これは一つのエピソードに過ぎませんが、台湾にいると、街中で話しかけられることも多く、子連れにも優しい国であると感じます。たとえあまり言葉が通じていなくても、ジェスチャーと笑顔で会話することも。私が台湾に惹《ひ》かれる理由というのは、こういった人の温かさや親しみやすさにあるのだということを行くたびに実感するのです。

星野奈々子—ほしのななこ
料理家。ITエンジニアとして働きながら数多くの料理学校・料理教室に通い、退社後にフードコーディネーターとして独立する。現在はレシピ本の出版や企業のレシピ開発を中心に活動中。ル・コルドン・ブルー代官山校 フランス料理ディプロマ取得。近著に『はじめての台湾料理』『カラダにやさしいオートミールの朝食とおやつ』『バーミキュラ ライスポット 絶品おまかせ料理』(全てＰＡＲＣＯ出版)がある。

熱帯の「あ」

マヒトゥ・ザ・ピーポー

じっとりと濡《ぬ》れた野良犬がコンクリートに寝そべっている。よく見ると片目は潰れているのかミルク色に濁っている。その目にはどんな世界が映っているのだろうか？　蒸し暑い熱帯の昼下がり、シャツはべっとりと肌に張り付く。黒ずんだ換気扇からぬるい風が溢《あふ》れ出し、いたるところから水が漏れ出し、小さな水たまりを作っている。遠くのネオンの看板の赤色が映り込み、水滴が落ちる度にその字はゆらめいている。

中華料理屋の親父《おやじ》が店の裏口から出てきて、面倒くさそうに鍋の中から鶏の骨を二、三、取り出して犬の方に投げる。骨の周りには肉片がこびりついていて、その骨の一つをのっそりと起き上がった犬は口で咥《くわ》え、足を引きずりながらゆっくりと路地裏を歩き、一つめの角を曲がっていった。もしかしたらいつもここでご飯をもらうというお決まりのルーティンなのかもしれない。視線を戻すと残りの骨をカラスがつつき、複雑に絡みあった電線の上に運んでいった。

西門《シーメン》駅を抜け目的もなく歩いていると、露店がたくさん出ている中の一つがドジョウ釣りをやって

いる。子ども向けのビニールのプールの中に元気なドジョウが泳いでいて、その中の一匹を釣り上げると何も言わず七輪の上に寝かせ、その場で焼いてくれた。むせかえるような歩行者の群れの中、不思議なプロセスで黒焦げになったドジョウの頭をかじる。カリカリとした食感が生き物の刹那を伝える。小さな立ちくらみと共に歩いていると、泥棒市なのだろう、本物かも怪しいＮＩＫＥの靴が片方だけ売られていたり、首の折れた猫の置物が売られていた。これは流石《さすが》にゴミなのでは？　と決め込みたくなる骨董《こっとう》たちが通行人の触手に選ばれるのを待ちながら視線を送っている。わたしはアーティストと呼ぶには随分と集中力の足りない狂った苦学生が図工の時間にでも作ったようなお面を２００元で店のおばちゃんのゴリ押しで購入する。日本円で８００円くらいだろうか？「運気があがるし、これできっと女の子にモテるよ」と言われ、不意に笑ってしまったからこちらの負けだ。お面を手に取ると耳が取れかけていたが、愛嬌！　と言いきかせリュックに入れた。

　この街に生きる人の胆力はここから登っていく台湾という国の勢いと並走している。むしろ現在も親日として敬ってくれているが、日本のハリボテの勢いなど追い抜かれることは約束されているに等しい。近くに龍山寺《ロンシャンスー》という古いお寺があるから、せっかく来たなら寄って行きなさいよとお節介ギリギリの圧で言われたので向かってみる。

　とても古い寺で清時代の乾隆《けんりゅう》３年（１７３８年）、大陸福建省泉州から渡ってきた漢民族の移民たちによって創建されたようだ。漢民族が台湾北部へ渡ってきた当時、土地をとりまく環境はひどく、「三在六亡一回頭」（移民してきた10人のうち３人が残り、６人が死亡、そして１人は帰国）という悲惨さに切迫していたそうで、立派な門がまえの龍山寺が生まれた歴史には、移民たちの「神様、助けてください」という切実な祈りがある。螺旋《らせん》状に渦巻く龍など、随所にうっとりとするようなきめ細かな細工がなされていて、その行き届き、張りめぐらされた神経に建築当時の祈りへの集中力を感じる。意識は透明で見えないものと思われがちだが、何かを媒介すれば簡単に具現化され、そして時空を超えてわたしの目の前まで届く。元々は仏教寺であった龍山寺だが、儒教や道教と混じり合い、今では100以上の神々が祀《まつ》られているそうだ。

多神教が許されている場所にはやはり豊かな意識が広がっていることが多い。それぞれに神様が宿っているという多様性を許容した考え方のもとに育つ文化は、やはり多様な色彩を虚空に放つ。すぐ側《そば》の簡単にゴミと呼んでしまいそうな泥棒市のガラクタたちが平然と商品然として並んでいることもそんな思想が漏れ出した一つの現象のようにも思える。あの売られていた片方だけのＮＩＫＥの靴にだって謝らなくちゃいけない気がしている。

では、どうして日本では、八百万《やおよろず》の神様がいるという考えを持っていてなお、移民などにこうも優しくないのだろうか？　純血という四半世紀古い概念を美徳としてしがみつき未《いま》だに囚《とら》われるのは何《な》故《ぜ》だろう？　米粒の中にも、台所にも、トイレにも神様がいるという考え方は美しい。わたしは今ひとつ思考の流れが一致しないような気がして、腑《ふ》に落ちない。優しさについて再考し、対話が必要だと思う。

近くの青草茶屋で買った茶を流し込むと、ほてった体が整ったのでとってあった安宿まで歩いて帰

る。途中雨が降り出し、駆け足になり、宿の扉を開けたところでスコールと呼ぶのにふさわしい大降りになる。雨は街におおいかぶさり音という音の全てを奪い去った。

平等に雨が降る。

野良犬にもカラスにも、中華料理屋の上にも、食い残しの鶏の骨の上にも100を超える神様の上にも、泥棒市のおばちゃんにも骨董の上にも平等に雨が降る。ふと道で売られていたプールのドジョウはどうなったかなと気になる。水が溢れ、プールの外に逃げ出したドジョウが下水から世界に放たれる想像をした。ここから逃げ出すには雨を待てばいいの?

わたしは部屋に戻りタバコを吸って、眠った。


エドワード・ヤン監督の映画『恐怖分子』を最初に観たのはいつだっただろう。イーフェンが映画の終盤、吐き気を催すシーンの不快感と奇妙な美しさの手触りが体の中にある。不思議な読後感が糸を引くように残っている夢、そんな曖昧な痛みからわたしを目覚めさせたのはやはり台湾の空気だろう。ベッド横の机に置かれていた残り三分の一くらいになったペットボトルの水を喉に流し込む。外ではクラクションの音がけたたましく吠《ほ》え、街は通常業務を再開している。

昨晩の雨は止《や》み、何くわぬ顔で生命活動を始める街のBPMに合わせて、わたしの細胞もだんだんと立ち上がる。シャワーも浴びずに倒れるように寝たものだから、汗が乾き肌に張り付く熱帯の感触が、数分前まで見ていた夢の読後感を加速させる。

温泉に行こう。その湿り気がわたしを動かした。レンタルサイクルをして北投《ベイトウ》温泉に向かう。電車で30分くらいだからどのくらいかかるだろう？　考えるふりをしてみたが、どうでもいいことだと秒で悟り、計算途中で思考を放棄し、寝ぼけた目を半分開けながら自転車を漕《こ》いでいた。

当然のことだが、日本とは生えている樹木がちがう。壁に描かれたいくつかのグラフィティを追い越し、この街にもちゃんといる不良のあり方に不思議と安心している。髪を後方に流し、ベタついたシャツを揺らしながら自転車は前に進む。目的地はあるが、向かっているようで何かから逃げようとしているようにも思えた。ペダルを漕ぐ左右の足の運動はミニマルに筋肉を刺激する。熱風を追い越す過程で、ここが遠くなのだとわかった。

人間にはきっと旅が必要だ。同じ場所に根を張る植物ではないから。わたしは知らない自分に会いに、知っている自分を振り払うようにペダルを漕ぐ。わたしを動かすのは目的ではなく、ただの純粋な筋肉の運動だ。

温泉街に着き、適当なお金を払い、中に入ってみると、中にはマフィアそのものみたいな男とそれを囲う部下で溢れていた。溢れていたと言っても、彼らが埋め尽くすようにいるのではなく、それぞれの縄張りが視覚的にも見えるような等間隔のデザインで空間は埋まっており、わたしの心を休めるような場所を作ることを阻み、ただお湯をかぶり噓《うそ》くさいため息をつくだけだった。

「入る温泉間違えた」

ただ、機械的に水を浴びる時間。とてもつまらなかった。汗はお湯と共に流れて行き、もう姿を確認できない。最低限の意義を満たし湯船からゆっくり上がり、わたしは暖簾《のれん》の外に出て、絡んでもいない痰《たん》を吐く。唾液と混ざったそれをコンクリートの上に吐き、湿ったその水滴の膨らみを見ていた。

わたしは今日も意味がない。旅はわたしに伝えてくる。昨晩わたしの見ている世界を雨の音一色にした雲はどこに行ったのだろう。憎たらしいほどの青色が頭上を埋め尽くしていた。知っている空と知らない空を繋《つな》ぐように飛行機は群青《ぐんじょう》に割って入る。

よかった。わたしは今日も意味がない。

マヒトゥ・ザ・ピーポー｜まひとぅ・ざ・ぴーぽー
２００９年、バンド・ＧＥＺＡＮを大阪にて結成。作詞・作曲をおこないボーカルとして音楽活動を開始。うたを軸にしたソロでの活動の他に、青葉市子とのＮＵＵＡＭＭとして複数のアルバムを制作。映画の劇伴やＣＭ音楽も手がけるほか、自身のレーベル・十三月では国内外のアーティストの作品をリリース、またフリーフェス「全感覚祭」を主催するなど、独自のレイヤーで時代をまたぎ、カルチャーをつむいでいる。２０２３年、ＧＥＺＡＮとしては6枚目となるフルアルバム『あのち』をリリース、同年、荒井良二との共作の絵本『みんなたいぽ』をミシマ社より刊行。

人間回復

TaiTan

嘘《うそ》からはじまる仕事がある。

この原稿がそうだ。しかし、嘘も方便とはよく言ったもので。

その嘘が、私を思わぬ世界へ連れ立ってくれたので、その記録を書く。

はじまりは、知り合いからの一通のDMだった。

曰《いわ》く、台湾についての紀行文を書いてくれないか、といった内容。

そのとき、私は台湾にゆかりなんてなかった。だから、普通に考えればお断りをするのが筋なのだが、その人にはお世話になったばかりだったこともあり、あんまり無下にお断りするのも憚《はばか》られたので、ついの出来心で私はこう返した。

「台湾料理、についてなら書けます」

嘘である。いや、正確にいうと、実際に私は魯肉飯《ルーローハン》をひたすら作っていた時期があり、それなりの一家言がある。しかし、それにしたって。紀行文を求める相手に対して、「下味のタイミングで乾燥海老《えび》を大量に炒めるのがコツです！」だとかをつらつらまとめた原稿を提出するのはお門違いにもほどがあるだろう。だから、その返信をもってして、この話はお流れになるだろうと思っていた。私の人生と台湾は、これまで通り交わることなく、すれ違うはずだった。さようなら、台湾、いつかどこかで。

ところが、その目算は外れることになる。数日後、連絡の続きがくる。再びの日く、「タイタンさん、台湾料理についてでも旅情を誘うものであればいいので、なんか書いてくれませんか」とある。おいおい、まじか。これは予想外の展開。しかし、自分で言い出した手前、引くに引けない。もちろん、喜んでお受けいたします、と返すしかなかった。

しかし、返事をしながらすぐ、一抹の不安が頭をもたげる。旅情を誘うとは。私は、乾燥海老の炒め方で旅情を誘うことができるのだろうか。

無理だ。いくら一家言あるとはいえ、魯肉飯のレシピで航空券の手配を促せる人間はいない。私は土井善晴ではない。いや土井善晴でも無理だろう。と、なれば、私がとるべき行動はひとつしかなかった。

台湾に行くしかない。

しかし、もとより出不精な私のこと。ツアーやフェス出演といった仕事以外で海外に飛び立ったことがない。だから、行くと決めたまではいいものの、いくら台湾とはいえど海外というだけで心細い。だが、退路はすでに断たれている。乾燥海老に戻ることは許されないのだ。ということで、ひとまずは台湾についての情報を集めることにした。

すると、どうだ。ほどなく私の心配はほどけてゆく。台湾は、日本からわずか3時間半ほどで行けること。航空券と宿代合わせても8万円ほどで行けちゃうこと。台湾では日本のカルチャーがとても愛されていること。軽く調べるだけで、安心材料が出るわ、出るわ。私と台湾の心の距離はすぐに縮まった。

そうと決まれば、話は早い。

早速その晩、妻に急遽《きゅうきょ》の台湾行きを告げた。告げるにとどまらず、一緒に行こうと誘った。さすがに原稿の締め切りまでが1ヶ月もない状態だったから、予定を合わせるのは難しいだろうと思われたが、妻はノリがいい。こともなげにこう返してきた。

「今週末ならいけるよ」

えー！　築地に行こうと誘ってるわけじゃないんだけどな。だが、妻にとっては、というか案外世の中的には、台湾なんてそのくらいの存在なのかもしれない。と、なればだ。私とて次第に気が大きくなってくる。妻の返答をもってして、私と台湾の心の距離は事実上ゼロになった。

時は流れ、1週間後。我々は、台湾は桃園空港にいた。

空港に降り立った瞬間から全身を襲う高温多湿とトロピカルな香り。おまけにコロナ禍明けの週末だ。中国語なのか台湾語なのかに交じる、様々な国の観光客による言語の乱反射が耳をついて離れない。台湾との距離がゼロどころではない。台湾が一気に私の身体《からだ》に入ってきた。

しかし、我々には時間がなかった。なんといっても今回は、1泊2日の弾丸旅行なのだ。都合24時間で旅情を誘うに充分なスポットを巡らねばならない。空港を出るや、タクシーをつかまえ、繁華街へと飛ばした。行き先は某誌で紹介されていた台湾炒飯専門店。どうやらミシュランひとつ星とかそういう系らしい。私は星に弱いし、機内食を我慢したのも相まって、食欲とテンションは最大限に高まっていた。

大いなる期待を膨らませながら、タクシーを飛ばすこと30分。日本でいう表参道的なエリアの、見慣れたハイブランドショップが林立する百貨店の中にその店はあった。なんか思ってた台湾と違うなという若干の戸惑いを覚えながらも入店し、いかにもミシュランっぽい炒飯をオーダー。とうとうだ。とうとう、私の台湾がはじまる——はずだった。事件がおきたのはその直後である。まもなくやってきた記念すべき台湾1食目のそれを実食した折、妻がぼそりと切り出した。

妻「なんかさ」

私「うん」

妻「家のご飯の方がおいしいかも」

えー！　えー！　えー！　それは、流石《さすが》に。えー！　なんですけど。

だって、そんなことがあり得るわけがない。朝5時に日本を発《た》って、3時間半のフライトをやり過ごしながら、その間の食欲に耐えて耐えて、ようやっとたどり着いた異国のミシュラン星の飯が、自宅の飯に劣るなんてことはあり得てはいけないのだ。そんなことが許されるなら、人類は旅を禁止した方がいい。

ところが、事態は思わぬ方向へ転がる。

その数分後、今度は私が妻と同じことを言っていたのだ。

なぜだかわからないけれど、その炒飯に全然グッとこないのだ。たしかに味はおいしいし、見た目もいい。だけれども。なんだかやっぱり、自分たちが台湾に求めていたものとの途方もない乖離《かいり》をどうしても感じてしまう。いや、店は絶対に悪くない。悪いのは異国に来てまでも星評価にうつつを抜かしていた私の心根の方だろう。

出鼻からのミスマッチ。これでは、旅情を誘うどころではない。私は焦った。台湾への向き合い方がそもそも間違っているのではないか。そんな疑念も出てくる。しかし、焦っていてもしょうがないので、考え方を変えることにした。この土地においては、せっかくの海外なのだからとか、そういうはしゃぎは一切合切やめようと。

この発想の転換がハマった。

例えば、『小慢《シャオマン》』という茶藝館がある。ここは、私のリスナーがDiscordで直接教えてくれたもので、ネットで話題になっていたから、とかではない形で出会ったお店だ。が、ここでの体験が台湾の楽しみ方のひとつの指針となった。街の裏路地に構えながらも、ヌケの良さに満ちているこのお店では、日本語にも堪能な店主の方が、慣れない我々に茶器の扱いや茶の作法を教えてくれるのだが、そのリズムがとても心地いい。決してマニュアル通りでもなく、かといって懇切丁寧にということでもなく、ほどほどに教えてくれるだけなのだ。そのほどほどさ加減が、妙に身体に馴染《なじ》む。

「ほどほど」。これが台湾を楽しむための、基本の構えなのかもしれない。その実感が、炒飯で若干遠のいた、私と台湾との距離を再び近づけてくれた。

ひとたび街を歩けば、歩道のすぐそばをほどほど危険な距離で大量のスクーターが横切るし、タ

手工炸醬麵
涼麵
50
味噌湯
牛肉麵
香

クシーに乗ればほどほどのアバウトさで目的地付近に降ろされることもままある。あるいは、『小慢』のあとに訪れたいずれの飲食店においても、きっちり整理整頓されているようなところは少なく、基本的にはほどほどの雑然さを当たり前のこととして客が楽しんでいる。すべてがほどほど、なのだ。私は、そうした台湾のムードにどんどん魅了されていった。気づけば、初日だからと詰めこみまくっていた旅程も次第にバラされてゆき、夫婦でアテもなく散歩する時間ばかりが増えていた。ほどほどの目的地だけあってあとはただ歩く、歩く、歩く。

何を呑気《のんき》にと思うだろう。滞在時間は24時間しかないというのに、ただ歩いてるわけだから。だけれども、その呑気さが何よりの贅沢《ぜいたく》なのでもある、ということをこの国は嫌味なく教えてくれる。予定消化のために時間を使うのではなく、現在を現在のためだけに使うこと。それは本来もっと豊かな営みなのだよ、と。

さて、そんな贅沢歩行をしていると、あっという間に夜がやってきた。

初日の最後は、友人の玉置周啓のユニット、MIZがライブをしているというので（ちなみに、滞在日が被《かぶ》ったのは本当に偶然）、会場であるPAR STOREへ。

ライブは素晴らしく、ほとんどが現地の客だというのに、大いに会場を盛り上げる友人の姿は胸にくるものがあった。だけれども、というかだからこそ、終演後は挨拶もそこそこにほとんど会話もせずにその場を立ち去った。ここで私たちがいつもやっているPodcastの収録めいたクソ会話を繰り広げたら興醒《きょうざ》めもいいところである。台湾の魔術とて万能ではない。彼も彼で、いそいそとやってきた私と目を合わせないようにしていたのは、似たような意図だったろう。

その晩の私は、よく眠った。元来睡眠障害に悩まされていたのが嘘に思えるほど、泥のように深く深く。翌朝妻に、「睡眠ってこういうことだったんだね」と気味の悪いことを告げるくらいには、そのことは私にとって大きなことだった。日中の「ほどほど」が効いたのだろう。台湾のおかげで、私は人間としての生理のひとつを取り戻した。

生理機能を取り戻した私は、昨日とは打って変わって、朝から活動的だった。日本へのフライトの時間がもうすぐ迫っているというのに、台北中の気になる書店をタクシーを乗り回して巡りに巡った（台湾のタクシーは台数も多いうえにとても安く、ほとんどバスくらいのテンションで使えるのがありがたい）。

「田園城市生活風格書店」では店主のビンセントさんから日本のカルチャーがいかに素晴らしいかを力説され、「moom bookshop」では日本の写真家やデザイナーの作品集の扱いのでかさに驚かされ、「朋丁 pon ding」では台湾のアーティストや作家のフレッシュな才能にときめかされ、とにかく夫婦で大量の本を衝動買いしまくった。台北に行くことがあったら、これらの書店は絶対行った方がいい。台湾の人々がいかに日本カルチャーをリスペクトしているかが肌で感じられて、無条件に嬉《うれ》しくなるだろう。

書店ジャーニーを終えた我々は、空港へと急いだ。軽装で来たはずのリュックはいつの間にかパンパンだ。だが、その重みがゆさゆさと身体に伝わるたび、台湾でのあれこれを思い出して頬がゆるむ。

ひょんな嘘からはじまった弾丸旅行だった。だけれども、今の私にとってはそのすべてが必然のように必要な時間だったと思えている。なんといったって睡眠を取り戻したのだから。人間に戻れたと言っても過言ではない。人間回復力。台湾にはそんな目に見えない磁力が確実にまわっている。

着陸直前、スマホを見ると、ドバイからの某容疑者が我々と同じ時刻に成田へ帰国するという報が飛び込んできて一瞬余韻から覚めそうになったけれど、台湾から学んだことはこういうどうでもいいニュースに気を取られない心の弾力だったりもする。情報摂取もほどほどに、だ。私は、ゆっくりと画面と目を閉じて、静かな帰路についた。

TaiTan｜たいたん
ラッパー。Dos Monosのメンバーとして3枚のアルバムをリリース。台湾のIT大臣オードリー・タンや、作家の筒井康隆とのコラボ曲を制作するなど、領域を横断した活動が特徴。また、クリエイティブディレクターとしても¥0の雑誌『magazine ii』やテレ東停波帯ジャック番組「蓋」などを手がけ、2022年にvolvoxを創業。Spotify独占配信中のPodcast「奇奇怪怪」やTBSラジオ「脳盗」ではパーソナリティをつとめる。

いつか台湾で朝食を
〜取材舞台裏編〜
マキヒロチ
はじめまして こんにちは! マキヒロチと申します
食べること 大好き! 旅大好き!な 漫画家です★
私は以前『いつかティファニーで朝食を』という朝食をテーマにしたグルメ漫画を描いていたのですが
その作品で初めての海外編が「台湾」でした
※ティファニー台湾編のコラージュ
今回はその台湾取材の舞台裏を振り返って
レポートしたいと思います

2014年　春ーー。
国際線
INTERNATIONAL
当日過労で風邪引いたまま集合場所に辿り着いた作者
ケホ
ケホ
せっかくの台湾取材なのに……
マキさん！
ドスドスッ
おはようございます！
おはざまーす
ガハハッ
いよいよって感じですねっ
新潮社の担当編集者 Iさん
バッチリビデオ持ってきました！
漫画開始時から料理シーンを描いてくれていた漫画家のトキワセイイチ氏
藤村Dに似た担当編集・カメラを持ったメガネ・だるそうな主役……まるで鈴井さんのいない水曜どうでしょうのメンバーみたいな3人で旅はスタート
※ティファニーの世界観から想像できない3人でいつも取材をしていました
じゃあ行きましょうかねー
ケホッ

うぇーい
着いたー
とりあえず
ホテルに
向かいましょう!
ブロロロッ
はいー
その後は食って
食って食いまくり
ましょー!
くっちゃ
くっちゃ
さっきから
運転手さん……
ペっ
何を
吐いてるの!?
後で知ったことですが
タクシーの運転手さんが
吐き出していたものは
「ビンロウ」という噛《か》みタバコで
台湾ではタクシーの運転手さんや
ブルーワーカーの人たちに愛用
されているらしいです
何故かセクシーな
お姉さん達が
売ってるらしい
♪シャムシャンシュン
イェンファーン
ヨレ
シャンイン
オーシャン♪
ブロロロッ
しかも
歌い出した……
台湾って自由!!

チェックイン完了
HOTEL
○×飯店
ドスドスッ
よーし準備完了!
台湾グルメたち〜待ってろよ〜!!
どんっ
とりあえず台湾の朝食といったらドウジャンでしょう!
ばくばくっ
うんまー!
めちゃくちゃ並んだ甲斐があった……!涙
金峰
台湾といえばルーローハンも食べとかなきゃね!
ゴトッ
小さいサイズで色々食べられるのうれし〜
そしてうんま〜

士林市場
Shilin Market
台湾は朝だけじゃない！夜市にも行かなきゃ！
シーリンと言えばジーパイ！
カシャ
カシャ
わ〜本当に顔よりデカーイ!!
ばえるわ〜
……
これ誰が食うんですか？
え〜私ちょっとまだ調子悪くて
ケホ
ケホ
俺はもう腹いっぱいで動けないっす！
……
うおおおっ
ガブ
ガブッ
チクショー！じゃあなんで頼んだんだよ〜！
でもこれで漫画が面白くなるなら食う〜!!
※ジーパイは作中で登場しませんでした

ぶるっ
うう……台湾 あったかいかと 思ってたけど
けっこう 冷えるな……
何か首に 巻くものが 欲しい……
なんかこの 虎柄のスカーフ かわいい……
日本じゃ 絶対買わないから このタイミングで 欲しいかも……
※実際の写真
うわ～っ スケスケペラペラで 全然あったかくない (笑)！
でもなんだろう この安心感……
なんかこういう旅の途中に 必要に駆られて 意にそぐわない買い物を することってありますよね…… このストールはこの旅のマスコット的 存在になりました
翌日は九份《ジウフェン》でもグルメを 満喫しました
スイカ ジュース！
台湾茶！
肉圓！
年間の3分の2が雨と 言われている九份ですが 雨は降らずに快適に楽しめました

取材中は青木由香さんの本も参考にさせてもらって
その中から選んで行った客家《ハッカ》小館でのディナーがとても心に残っています
自分が知ってるイメージと全然違うポークチョップがとっても美味《おい》しかったのと
店内がオシャレすぎて大コーフンしたのを憶えています
今思えば旅先で観光っぽくない店で現地の料理じゃないものを食べる良さを意識しだしたのもこの店のおかげな気がします
オシャレ!
そしてもう一軒
作中には登場してませんが欣葉《シンイエ》という老舗《しにせ》台湾料理屋のカラスミチャーハンが忘れられません
取材中疲れたりイライラしたりストレスがたまって無言の時間も多くなってきたところに　このカラスミチャーハンが我々のテンションをぶち上げてくれたのをよく憶えています
う……うますぎる!!
おかわりしましょう!
家でも再現したくて帰国前に迪化街《ディーホワジエ》でカラスミを買って帰りました

最後にハプニングをご紹介
わ〜っ ーさん何買ったんですか!
ガハハッ
旅情を感じたくて旅先ではエロ本を必ず買うんですよ!
そ……そーなんだ
夜になると男性陣は私と違うホテルに帰ってくのですが
2人は同室
トキワ氏大丈夫かな……
私がひとりでぐーすか寝てる間に事件は発生
すぴーー
すぴーー
アレ!?
アレ!?
どうしました?
スマホが……ない!
ーさんがスマホをなくしたらしく
け……警察に行こう!
夜中2人で街中をかけめぐることに……!
うわぁっホテルで聞いた場所に交番がない!!
やっと交番があった……!!
ポリース!!

マイ！ ロスト！ アイフォン！ イズ！ ムービング!!
結局スマホはタクシーの中にあり
領収書からタクシーを割り出して
無事確保できました
このハプニングは面白かったので

本当に食べてばかりの毎日
でしたが何を食べても
美味しかった！
豆花やかき氷や
胡椒餅も食べました
取材は台北だけの滞在
だったので今度は台南や
高雄にも行ってみたいです
ちなみに
マキさん私も台湾大好きでよく行くんです
アシスタントさん
台湾グルメといえばトマト飴が大好きで滞在中5本くらい食べます
え……そんなに美味しいの!?
最近はとにかくトマト飴が食べたい毎日です
END

マキヒロチ　第46回小学館新人コミック大賞で入選し、『ビッグコミックスピリッツ』でデビュー。著書にドラマ化された『いつかティファニーで朝食を』『吉祥寺だけが住みたい街ですか？』など。

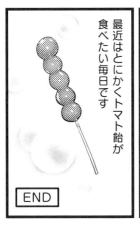

憶測と妄想で歩く台湾

神谷圭介

2018年11月。喫茶店でスポーツ新聞のゴシップ記事を読んでいた。誰かと誰かが路上でチューしてるところが撮られた写真。有名人同士のスキャンダルのようだ。わからない台湾の言葉がスキャンダラスに紙面に躍っている。読めなくもない漢字もあるので想像を巡らせながら紙面を眺めていた。新聞の隅の小さな記事に見覚えのある名前を見つけた。手を繋《つな》ぎ歩く男女の写真の見出しに『夜歡女星』とある。個人名は伏せるが『34歳日本男星○○○○（左）出道18年』と書いてある。なんとなく読める。写真左は34歳の日本の男性スターだろうか？「出道18年」はデビュー18年目のような気がする。その後に『劇女××××（右）2人在密室獨處3小時才離開』とある。写真の二人は日本で人気の芸能人のようだ。

台湾のスポーツ新聞の芸能欄にも日本のゴシップ記事が載るんだなという発見と、ゴシップ記事を読める漢字だけから憶測で想像する猥雑《わいざつ》さがすごく楽しかった。そもそもゴシップ記事が憶測で書かれているかもしれない。そんな記事を憶測で読み進めた。憶測が憶測を呼んでいる。

何より『劇女××××（右）2人在密室獨處3小時才離開』である。「劇女」って言い方もすごい。劇をする女。女優さんて意味だろうけど「ああ。あの劇女か」なんて言われたくはないはずだ。しかしその後の文字の並びがすごく良い。絶妙に想像できる卑猥さがある。「2人在密室」は何かわかる。「獨處」「3小時才離開」はわからないけど、とってもいやらしい趣がある。

このゴシップ記事に日本で出会っていればこれほど想像を掻《か》き立てられはしなかったかもしれない。そしてまさか2年後、その女優さんと舞台で共演することになるとはこの時は知る由もない。

こんな話をいまさらぶり返しても誰の得にもならないと思ったけども台湾のエッセイを書くにあたりこの話は欠かせなかった。初めて訪れた台湾の朝。モーニングコーヒーを飲みながら半分実家みたいなタバコくさい喫茶店でスポーツ新聞を読む。外国に来たのにすごく日本みたいだなと思ったのを覚えている。あたりを見まわすと道路や電柱など街並みにも日本っぽさがある。台湾の映画監督エドワード・ヤンの作品を観ても思っていた。信号や高架下の通りやマンションから見下げた街並みなどがとても日本に似ていた。でも似てるけど確実にちょっと違う。まるで少しだけ違う世界線に来たような感じがして不思議だ。

日本とも親交が深いからきっと日本の高度経済成長期の影響を受けて作られた街並みなのでは？と想像した。あくまで想像だ。実際どうかは知らない。調べない。答え合わせはしない。せめて台湾にいる間は想像や憶測だけで過ごしたい。知らない場所や知らない文化を見ながら憶測で妄想して歩くのが好きなのだ。

「劇女」ではないが、台湾に行ってから漢字二文字の思い切りの良さが好きになった。自分は舞台でコントや演劇をすることがよくあるのだけど、２０２１年に行ったコント公演のタイトルが「夜衝」だった。これは今や舞台やテレビでえぐいほど大活躍してるユニット、ダウ90000の蓮見君と、監督・脚本家でもある玉田企画の玉田君と3人で企画した公演だった。

「夜衝」は蓮見君が提案してくれた言葉で台湾の言葉らしい。若者が夜に衝動的に海に行きたくなり「今から行っちゃおうか」といったノリで夜に車を走らせるような気持ちを表す言葉らしい。この気持ちは誰しも少しわかる感情な気がするけど日本にはこの感情を言葉にした単語はないようだ。とりあえずなんかやってみようと衝動的にやることになった企画名としてもふさわしかった。出会った当初大学を卒業したての蓮見君は「夜衝」の後、とんでもない才能が業界に見つかり爆速のスピードで売れていった。それも自分にとってすごく良い刺激になった。翌年の2022年には自分も「画餅」という屋号で自分のソロプロジェクトで舞台を始めた。「絵に描いた餅」ということわざを漢字二文字にしたものだ。「実現しないもくろみ・役に立たないもの」とあまり良い意味では使われないことわざだけど、ずっと好きなことわざだった。まず絵に描いてしまうほど餅を欲してる状態が好きだ。そこまで恋い焦がれて絵まで描いてしまうわけだから、きっと本物の餅を見ても「なんか自分で想像してた餅の方が良いな」と思ってしまう気がする。そういった「妄想することの豊かさ」という勝手な意味で捉えていることわざなので自分にとっては座右の銘にしても良いと思っている。

漢字二文字の思い切りの良さに触れたきっかけは「劇女」かもしれない。ありがとう台湾。ありがとう某女優さん。

初めて行った台湾の台北市は市議会議員の選挙運動真っ盛りなタイミングだったようだ。台湾にいる間やたらと候補者たちの写真と目が合う。

運客會都大
285
唯一提名
10 陳彦伯
新思想・新力量
臺北

洪健益
6
20
值得信賴
張茂楠
台北市議員（松山・信義）
20 張茂楠

5
王欣儀
台北市市議員（大安・文山）
堅定支持最優議員
癌症諮詢
婦女保健
好消息！好消息

日本ではA3サイズの選挙ポスターが掲示板や家の塀に貼られているくらいだが、台北市では繁華街の至るところに当たり前のようにでかでかと候補者たちの写真が貼られている。すごい目が合う。それがとても奇妙で面白かった。渋谷のスクランブル交差点から見えるような看板が「インプラントのきぬた歯科」に占拠されているような光景だ。人間のでかい写真が街中に貼られているのが楽しい。等身大より何倍もでかい人間の写真もある。写真の横には読めない漢字の名前と丸で囲まれた数字がある。おそらく投票番号かなにかだろう。政党ごとに色分けされていていているのだろう。

そんな看板を2泊3日台湾にいる間は見かけたら全て写真に収めることにした。すると「またこの人だ」であったり「これは初物だぞ」となったり「この人こんなバージョンもあるんだ」という塩梅《あんばい》で看板写真を収集することに没頭し始めた。マック赤坂のような（くノ一みたいなコスプレしてる女性候補者）レア物も出てくる。建物だけではなくバスの側面にでかでかと張り付いていることもある。どこに生息してるかわからない。意外なところに現れたりもするので常にスマホを片手に徘徊《はいかい》した。ポケモンGOのようだ。自らの足で散策しながら突如現れる看板をゲットして回った。

看板でいうと台湾でもマンションポエムのようなものを発見した。神々しいマンションの写真に「舞動青田」という言葉が縦書きで添えてある。

「青田買いしたマンションの値が天高く舞うように動く」といった意味だろうか。調べたりはしない。事実よりも憶測と妄想を楽しみたいから。

看板の写真ばかり撮っていたわけではない。ちゃんと台湾らしいこともした。台湾式のマッサージにも行った。台湾在住の方のお勧めで「顔のシミ取りレーザー治療」にも行った。日本で受けるよりもかなり格安で台湾旅行に来たらレーザーも浴びた方がお得だと教えられた。初めての体験だった。目を守るため目隠しをされて顔面にレーザーを当てられるのだけど視覚的情報がないので顔面の皮膚の体感しかない。体感としては「炙《あぶ》りしめ鯖《さば》」だった。注文すると店員さんが目の前でしめ鯖をバーナーで炙ってくれたりする居酒屋があったけど、あの感じだ。延々と顔面をバーナーで炙られ続けてる感じ。しめ鯖サイドの気持ちを体験した。

台湾。好きな国。そして世界が感染病で停止する直前、２０２０年の初頭に行った最後の外国だ。コロナ禍で全てが止まりあれからの3年半は自分にとってはとても重要な変化の時期だった。それまでの流れが一度止まってしまった。立ち止まって考えることが増えた。ここから変化を伴いながらもう一度自分を奮い立たせなければならなかった。たった3年で色んなことが変わった。「劇女」から「夜衝」を経て「画餅」となり今がある。やっと海外に渡航することも許されるようになってきたので改めて台湾から仕切り直したい。喫茶店でスポーツ新聞のゴシップを憶測と妄想で読むところから。

神谷圭介｜かみやけいすけ
コントグループ「テニスコート」のメンバー。２０１７年の玉田企画への出演をきっかけに舞台や映像作品にも取り組み、俳優のほか脚本提供、雑誌での連載やイラスト作画など活動は多岐にわたる。ダウ９０００の蓮見翔氏を作・演出に迎えた公演「夜衝」を玉田企画の玉田氏と共に企画し出演。２０２２年よりソロプロジェクト「画餅」を主宰し、舞台公演と映像作品の新たな表現を模索している。

女4人ぶらり地獄旅行

犬山紙子

大好きなスナックのママUさんがいる。彼女の作るご飯はいつも美味《おい》しくて、Uさんの家でご馳走《ちそう》になったり、私が赤ちゃんを産んだ後は「今はなかなかご飯食べに外もいけないでしょう」と家まできて料理を作ってくれたりした。

特にUさんの作るアジア料理は美味しい。以前Uさんの料理ファンのみんなとタイ料理をご馳走になった時は、ホーモックという魚のすり身とレッドカレーをバナナの葉っぱの器に入れて蒸す料理を頂いた。白子が入っているというUさんの神アレンジあり。みんなでバナナの葉を巻き巻きしたりして、その時間も楽しいし、ココナッツの香りも食欲をそそる。ざくざくの台湾唐揚げも、シュウマイも何もかもが異常に旨《うま》い。

9年ほど前、そんなUさんと女友達と一緒に台湾旅行をしようという話になった。「私の初台湾、最高の形が整ったな！」というものである。美味しいものにありつけるだけではない。Uさんは編集者でもあり、様々な国のその土地に根ざすアートを見て歩いているので、台湾でしか見られない芸術にもありつけるわけだ。以前Uさんが「金剛宮《ジンガンゴン》」という寺院に行った時の写真を見せてくれていたのだが、「両目から手が生えた像」が私の目に焼き付いて離れなかったことを伝えると「私ももう一回行きたいし、みんなでまた行こうか」と金剛宮にも行くことになった。

女4人の台湾旅。楽しくないわけない。美味しいわ、治安は良いわ、人は優しいわ、あったかいわ。朝起きるとUさんがベランダで台湾ビールで一杯やっていたので交ざる。野良猫もやってきて一緒にぼーっとする。

そして有名な長白小館《チャンバイシャオグアン》で酸菜白肉火鍋《スァンツァイバイローフォグオ》（白菜と豚肉のお鍋）を様々なタレで堪能。蟹《かに》、海老《えび》、しいたけ、かつおぶしで作られたダシがあまりにも美味しくて「私、このダシ点滴したいわ」と誰かが言い出す始末。お腹《なか》いっぱいなのにみな、箸が止まらない。

金剛宮へ行くために電車に乗り、バスに乗り、海沿いのかわいい街に到着。すぐに目的地には行かず、近くの公園で台湾ビールを飲みながら金剛宮を眺める。Uさんのこういう時間の使い方が良いんだよなあとしみじみしつつ、ものすごく派手な建物なのに、街の景観に馴染《なじ》むものだなあとも思う。

金剛宮は様々な宗派の像が立ち並ぶ。ゴールドと原色で彩られた世界はサイケデリックでもあり、神様の像というのは荘厳であるものだという私の認識をここにいる神様たちがぶち壊してくる。目をひん剥《む》いて怖い顔をしている武将のような像の頭の上にウサギが乗っている。お目当ての目から手が生えている像もいた。生えてる。手のひらに目がついている。

調べてみると『封神演義』の登場人物で、暴君に忠言をしたら怒りにふれ、目をくり抜かれてしまったと。それを仙人が助け、目から手が生えてきたそうです。書いている私も全く意味がわかってい

ないけれど、昔話や神話というのはこれくらいエキセントリックだったりしますからね。私は12月生まれの山羊座ですが、山羊座の成り立ちも「山羊頭の牧師パンが、突然現れた怪物に驚きナイル川に飛び込んだところ、下半身だけが魚になり、その姿がゼウスによって星座とされた」らしいので。なんでその姿を星座にしようと思ったのだろう。ひどい。

良いんだか悪いんだか、神の概念をひっくり返されながら、地獄ゾーンへと足を進める。そう、金剛宮は通称・地獄寺でもあるのだ。Uさんは地獄寺にも造詣が深いので、この金剛宮を訪れたのはその一環だったのかもしれない。地獄寺とは「悪いことをすると地獄に堕《お》ちる」という思想のもと、地獄で行われているであろう様々な拷問の様子を表現している場所。要するに「地獄に行かないために良い行いをしましょう」という教訓があるところだ。

けれども、仏像といえば「厳かである」という常識を持つ私には、その奇抜さや、色彩、コミカルさがどこかおもしろく、その自由さに感嘆させられた。

こういう場所に来た時は自分の感覚を中心において「やばいやばい」とおもしろがるよりも、成り立ちを知り、敬意を払い、いかに自分の世界が狭いのかを思い知るほうに気持ちを持っていきたい。親孝行をしなかった人が酷《ひど》い目に遭っている像なんかは儒教っぽさもある。しかし、生まれただけですでに親孝行を果たしたと思っている私がこの地獄に堕ちることはないだろう。

とにかく、神様、神様、鬼、神様、神様といった具合でとてつもない量の神様を見た。最終的には500体の羅漢像に囲まれもした。

金剛宮を晴れやかな気持ちで出た私たちはすぐにバスに乗らず、近くのサービスエリア的な店でちまきを食べる。もちろん美味しい。Uさんはローカルな味を愛している人なので、（「台湾地方都市にある外国人向けではないホテルの朝食」が彼女の好物である）国内旅行でもその地方の居酒屋なんかにふらりと入っては美味しいものをよく探り当てているが、台湾でもその腕は健在である。Uさんが頼むものはみーんな美味しそうなのだ。

翌日、Uさんとは別行動となり、かの有名な九份《ジウフェン》に足を伸ばす。赤い提灯《ちょうちん》の光に、小さな路地、レトロな建物。絶景も絶景、夢のような世界観だけれども、人が多くてお店に入るのも大変。洒落《しゃれ》た店で台湾茶を飲み、食事をし、美味しい美味しいと言いつつも、昨日までのローカルな味が恋しくなっていた。

というわけで夜はUさんと合流し、夜市に繰り出す。右を向いても左を向いても美味しそうな屋台、食欲でギラつく人々。肉まんのような胡椒餅《フージャオビン》は肉汁まで美味しい。麺線《ミエンシエン》はとろみのあるスープが細麺に絡み、するするいける。私一人だとどれを食べたら美味しいのか分からず途方に暮れていただろうがUさんがいる。食べて食べて食べて、どれもこれも美味しい。友人は射的にチャレンジし、謎のネズミの貯金箱をゲットしていた。貯金箱に当たった瞬間、大人の女性4人が手を叩《たた》いて喜んだ。

ホテルにつくとまた台湾ビールをゆっくり飲む。翌日はガチョウを食べに行く予定だ。なんでもガチョウ油をかけたご飯がめちゃくちゃ美味しいらしい。そしてその油をお土産に買うと良いそうだ。

いつの間に眠りに落ちて、翌日「犬山は結構いびきをかくんだね」なんて言われるのもどこか幸せだった。

犬山紙子―いぬやまかみこ
イラストエッセイスト、コラムニスト。2011年、マガジンハウスからブログ本を出版しデビュー。2014年に結婚、2017年に第一子となる女児を出産後は、児童虐待問題に声を上げるタレントチーム「こどものいのちはこどものもの」を立ち上げる。近著に『すべての夫婦には問題があり、すべての問題には解決策がある』(扶桑社)。

7
葉林傳
電氣醫院

ニューヨーク、台北、イエローのこと

小林エリカ

私がイエローという名前の、台北からやってきた彼女に出会ったのは、ニューヨーク、クイーンズはジャクソンハイツにあるアパートメントだった。

Eラインを降りて改札を抜け、カレー店が並ぶ通りを抜けた突き当たりにあるレンガ造りの11階に私は住んでいて、6階に彼女が住んでいた。私も彼女もAsian Cultural Councilという財団の同じグラントを貰《もら》ってニューヨークの街へやってきていて、彼女は映像作家だった。

私も彼女もはじめてのニューヨークだったし、ジャクソンハイツは未知だったし、近くに友だちもいなかったから、ことあるごとにそれぞれ同じ間取りの家具と窓からの眺めだけが異なる部屋を訪ねあった。

確か、私はエドワード・ヤンに夢中だったし、ツァイ・ミンリャンも大好きだったから、彼女に台湾の映画のことをあれこれ話し、彼女も恐らくは、日本の映画の話をあれこれしてくれたのだったと思うが、話の内容は全然思い出せない。

気づけば、彼女が台北から送られてきたラーメンをつくって食べさせてくれていた。

そうして遂に、アメリカ滞在の最後には、私たちは一緒に、二週間のアメリカ横断旅行をやったのだった。アムトラックにもグレイハウンドバスにも乗ったし、テキサスからは彼女がその殆《ほとん》どを運転してくれて、砂漠の真ん中を走り抜けた。

その旅の途中で、ニューオリンズのパレードも見たし、ニューメキシコ州、トリニティ・サイトも訪れたし、ラスベガスへも行った。

私とイエローは、モーテルに泊まり、ターゲットで買ったベビーキャロットにフムスをつけて齧《かじ》り、スリフトショップで買い物をして、デジカメで写真を撮って、夜になるとそれぞれのボーイフレンドとスカイプをした。

彼女は長くて真っ直《ます》ぐな髪をしていて、目にはグレーのカラーコンタクトレンズをいれていて、いつも頼もしくて、優しくて、面白かった。

濡れた髪にはきちんとドライヤーをかけたほうがいいと諭されたこと、メキシコの国境であなたは中国人ですかと尋ねられ、いいえ、台湾人ですと、きっぱり答えていたこと、荷造りが手早く上手だったこと。

私はといえば地図もろくに読めなくて、運転も下手くそで、動作ものろかったから、彼女のおかげでアメリカ横断ができたと言っても過言ではない。

そうして、アメリカの町を見て回ったが、結局のところ、一番印象に残っているのは、イエロー、彼女と過ごした時間そのものだったのかもしれない。

四年前、私は台北を訪れイエローと再会した。あのアメリカ横断の旅から十一年が経《た》っていた。

彼女には双子の子どもがいて、私にはひとりの子どもがいて、ちょうど同じ年頃だった。彼女は当時のボーイフレンドと家族になっていて、私は当時のボーイフレンドとは破局していた。

台北の街を、彼女が案内してくれた。

彼女はやっぱり長くて真っ直ぐな髪をしていて、目にはもうコンタクトレンズをいれていなかったけれど、かわらず、頼もしくて、優しくて、面白かった。

市場に並ぶ南国の赤や緑の鮮やかなフルーツを私が物珍しそうにスケッチしていたら、その場で切って食べさせてくれた。彼女は、スケッチした絵の脇にそのフルーツの名前を書いて教えてくれた。裏路地を入ったところにある小さな店であつあつの米麺をご馳走してくれて、美術館にも案内してくれた。夕食にはレストランで豚バラ肉と山椒《さんしょう》の実がたっぷりはいった鍋で饗《きょう》してくれた。その頃には、子どもたちはすっかり遊び疲れて、レストランの椅子をふたつつけて並べた上で三人並んで眠っていた。

ぐっすり眠るまだ小さな人たちを見つめながら、流れる時を想った。

私は私の子どもと一緒に、彼女のおかげで台北の旅を、滞在を満喫した。

そこは彼女が生まれ育ち、いま彼女が暮らす街だった。

そうして、私は台北の街を見て回ったが、やっぱり一番印象に残っているのは、イエロー、彼女と過ごした時間そのものだったのかもしれない。

彼女と別れた翌日、街をうろついていたら、たまたま、エドワード・ヤン監督の『牯嶺街《クーリンチェ》少年殺人事件』の舞台、牯嶺街の通りにいて、その標識をスケッチした。

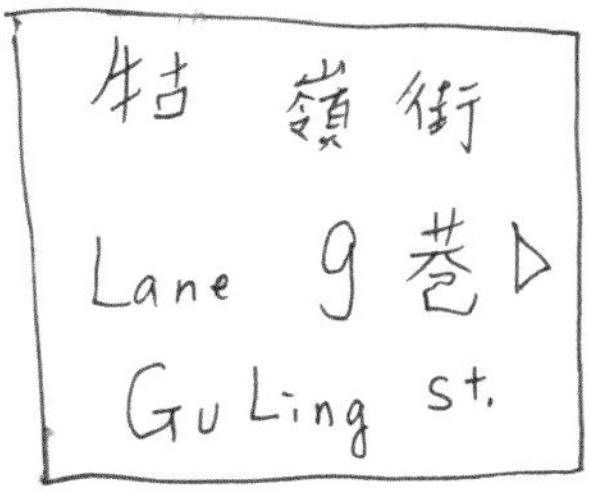
牯 嶺 街
Lane 9 巷
Gu Ling st.

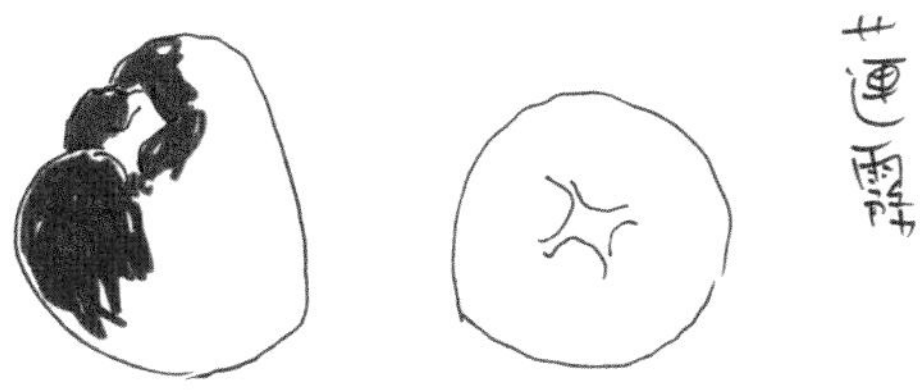
蓮霧

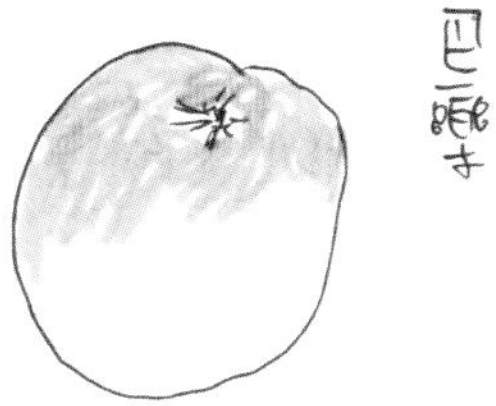

お土産に貰った〝在欉紅 red on tree〟のマンゴーとパッションフルーツのジャムは、東京へ戻ってからも大切に食べ続けた。

思えば、アメリカ横断から台北の旅まで、私は彼女の世話になりっぱなしであった。

いつかお礼がしたいと思っているのに、結局のところ、まだちゃんとお礼ができていない。気づけば私はいつも彼女に饗されている。

今度はきっと東京へ遊びに来て。

色々約束したけれど、あれからすぐにCOVIDが蔓延《まんえん》して、そのままになってしまっている。ところで、私は、彼女が台北の街を案内してくれたみたいに、東京の街を案内できるかどうか何度も考えてみているのだが、全く自信がない。

レストランはどこへ連れて行くのがいいだろう。お土産にはどんなジャムをあげたらいいだろう。

COVIDで隔離が続いていた只中《ただなか》に、私はふと気になってネットであの鍋を食べたレストランを探してみたのだったが、それは見つからなかった。

店は別の場所に移転してしまったのかもしれないし、閉店してしまったのかもしれない。あるいは、私の探し方が悪かったのかもしれないから、いつか彼女に尋ねてみよう。

時々、私はスーパーマーケットで山椒の実を買ってみるようになった。

あの鍋を真似《まね》て豚バラ肉の鍋を作ってもみるのだが、どうにも同じ味にならない。

うっかり辛すぎる山椒を噛《か》みながら、私は、台北の街を、イエローを、彼女と一緒に旅したあちこちの街を、それから椅子の上で眠っていた子どもたちのことを想う。

小林エリカ｜こばやしえりか
作家、マンガ家。小説『最後の挨拶-His Last Bow-』『トリニティ、トリニティ、トリニティ』、マンガ『光の子ども』1〜3巻などがある。インスタレーションも手掛け、グループ展に「話しているのは誰？ 現代美術に潜む文学」（国立新美術館）他。

いつも本屋にいる

内沼晋太郎

台北、台中、台南。地理がつかみやすい地名だ。山を挟んで西側を、日本でも見慣れた感じの新幹線が縦に通っている。台南のさらに南にある高雄まで、台北から最短で1時間半。驚くほど早く着く。思い立てばすぐに縦断できる自由。

とはいえ、思えば台湾で自由だったことはほとんどない。いつも仕事だ。パスポートに押された印をもとに振り返ると、たぶん六回。最初に訪れたのは二〇一四年だが、あとの五回はすべて、二〇一八年から二〇一九年春までの間に集中している。その間に編集者の綾《あや》女《め》欣伸《よしのぶ》さんとの共著で『本の未来を探す旅 台北』（朝日出版社）という、台北の独立系書店や出版社を取材する本を上梓した。知り合った人たちが日本に来ることもあったので、実際はもっと頻繁に、身近に台湾を感じていた。

その後しばらくして、感染症が流行した。世界規模の不自由。台湾はオードリー・タンというスマートな政治家の存在に遠く憧れる場所になった。二〇二〇年の国際ブックフェア「台北國際書展」にも招かれていたが、一度の延期を経て結局中止になった。タイから来るプラープダー・ユンさんとの対談という夢のような企画だったが、夢のまま消えた。その後はまだ行けていない。よって台湾の記憶は、二〇一九年に置いてきたまま。いつも仕事で、ほとんど本屋にいる。

最初の二〇一四年も、目的地は一軒の本屋だった。当時、東京のとある場所に本屋をプロデュースする仕事の相談があり、参考事例として台湾の大型書店チェーン「誠品書店」の話題が出た。その仕事はおそらく自分以外の誰かにも声がかかっていて、検討段階という感じだった。つまり依頼されるかわからない。けれどやりたい。そこで、フットワークの軽さが取り柄とばかりに「ちょっと見てきますね」といって、翌週に自費で見に行くことにした。誠品書店の中に誰か知人はいませんか、とFacebookで呼びかけたところ、つないでくれる友人が奇跡的に現れ、アポイントも取れた。二〇一三年にオープンしたばかりの「誠品生活松菸店《ソンイエン》」の一階で待ち合わせるメールを送って、それが初めての台湾。

煙草《たばこ》工場をリノベーションした人気の文化施設「松山文創園区《ソンシャン》」の一角にあった。まずその施設が魅力的で、もし東京の都心にこんな煙草工場の跡地があったら、と思いつつお店に向かう。ご挨拶して、案内してもらうと、そんな無意味な妄想を吹き飛ばすくらいの衝撃を受けた。巨大な本屋の中に、カフェや雑貨など当たり前。キッチンや絵画教室、焼き物の窯《かま》まであって、盛んにワークショップを実施していた。超人気店が入居している傍らで、若いデザイナーやアーティストを発掘する枠組みもあった。映画館と劇場が併設されており、隣にホテルも準備中だった。いまから十年も前、日本ではまだ二〇一一年に代官山蔦屋書店がオープンしたばかりのころの話である。

なおその仕事は受注した。そして「誠品生活松菸店」はというと、この二〇二三年、これまで「敦南店」から「信義店」へと脈々と引き継がれてきた二十四時間営業（！）の旗艦店の役割を引き継ぎ、大々的なリニューアルを経て、蔵書数も三倍になるらしい。どんな店に進化するのか、楽しみにしている。

その四年後。二〇一八年二月には、大阪・北加賀屋で「ASIA BOOK MARKET」というイベントを開催した仲間たちと、台湾と韓国の本屋を巡るツアーに出かけた。イベントの主催は、大阪で『IN/SECTS』という雑誌を作っている松村貴樹さん。既に『本の未来を探す旅 ソウル』という本を出していたので、我々が韓国担当。ＬＩＰの田中佑典さんが台湾担当で、それぞれ出店者をブッキングし、大阪に招くマーケットイベントを主催していた。初回が成功したので、今後も続けていくために挨拶回り的に巡ろうというツアーだった。

濃密だった。「朋丁 pon ding」では、世界中のビジュアルブックを集めたそのセレクトのレベルや、デザインの行き届いた空間に驚いたし、「田園城市」や「小小書房」のインディペンデントでパワフルな姿勢にも勇気をもらった。驚くほどハイクオリティな『BIG ISSUE』を作っている編集部に遊びに行ったり、本の領域を飛び越えるような独創的なリトルプレスを作っている「nos:books」による、昔ながらの薬局（！）を借り切ったポップアップに遭遇したりもした。たまたま「台北國際書展」とも時期が重なっていて、会場も覗《のぞ》くことができた。日本人の編集者に会って「来てたんですね」と言われたが、そのために来たわけではなかった。

その旅の途中で、ソウルに続く第二弾として、『本の未来を探す旅』シリーズの台北版を作ろうと決意。二か月後の四月には、綾女さんと取材でまた訪れた。一週間で二十件を超える、ハードな取

田園城市

朋丁 pon ding

材日程。中身はぜひ『本の未来を探す旅 台北』を手に取ってみてほしいが、裏話としてはこの取材中、自分が編集者として制作していた別の本の入稿が重なってしまい、経験の浅い自分は大トラブルに直面した。隣にちょうど綾女さんという経験豊富な編集者がいたので、逐一綾女さんに相談しながら国際電話でなんとか切り抜けたのは、苦いながらもよい思い出だ。取材しながら謝罪していた。

その翌年。本が出ると、連鎖的に何かが起こるものだ。二〇一九年の二月から三月にかけては、なんと三回、台湾に行く予定が立て続けに入った。前年に偶然訪れた「台北國際書展」のシンポジウムに、公式に招かれたのが一回目。合わせて高雄の書店でもトークをしたので、このとき初めて新幹線に乗った。駅弁の温かさを知った。美味《おい》しいのでぜひ食べてほしい。

二回目は台中。自分が経営している本屋B&Bのポップアップをやりたいと声をかけられ、せっかくなので社員旅行を兼ねて行った。少し北の新竹《シンジュー》にある、独立書店の組合の事務所にも訪れた。日本の本屋として初めて、その組合に加盟させてもらうことになった。それ以来いまも中国語で、新刊情報のメールが届く。少量でも仕入れて売り場をつくりたいと思っているが、それも感染症に遮られて手が回らないまま今に至る。

そして三回目は、二〇二〇年にオープンが決まっていた下北沢「BONUS TRACK」の開発をご一緒していた、小田急電鉄の方々と出張した。下北沢は東京の他の街と違い、一番多いインバウンド客が台湾から来る人だというデータがあり、その理由の一端をつかもうというのが主旨だった。このとき、自分が最初に台湾に来るきっかけになった「誠品生活松菸店」があった文化施設「松山文創園区」の運営チームにも、話を聞きに行った。なんとこの訪問がきっかけになって、二〇二三年のいま、「BONUS TRACK」を含む「下北線路街」と「松山文創園区」との間で、連携の協定を結ぶことになった。十年越しの不思議な出来事である。

そんなわけで、台湾はなぜか、いつも自分に予想外の伏線を回収させてくれる。そろそろまた行かねばならない。国立故宮博物院にも中正紀念堂にも行ったことがないが、次もまた本屋にばかり行くのだろう。友人たちにメッセージを送ったところ、台北に新しくマレーシアのカレーを出す「現流冊店」という注目の本屋ができていたり、新北や高雄あたりにも独立系の本屋が増えていたり、超人気作家である呉明益《ウーミンイー》の新刊が「小小書房」から刊行されたことが話題になっていたりするらしい。

たぶん何かが起こるはずだ。パスポートを見返すと失効していた。気がついてよかった。

内沼晋太郎｜うちぬましんたろう
1980年生まれ。NUMABOOKS代表、ブック・コーディネーター。株式会社バリューブックス取締役、新刊書店「本屋B&B」共同経営者、「日記屋 月日」店主として、本にかかわる様々な仕事に従事。また、東京・下北沢のまちづくり会社、株式会社散歩社の取締役もつとめる。著書に『これからの本屋読本』（NHK出版）、『本の逆襲』（朝日出版社）などがある。現在、東京・下北沢と長野・御代田の二拠点生活。

また行きたいところ

やついいちろう

台湾は大好きで、コロナ前は年3〜4回は行っていました。少し時間が出来たら台湾って感じで。定番は大体行ったから徐々に違う所にも行きたくなって、最終的には台湾を一周したりもしました。台北台中台南高雄台東花蓮。どこも大好き。中でも台南が気に入って、レキシの池ちゃんと一緒に作った「トロピカル源氏」という曲のMVは台南まで行って撮ったくらい。台南の友達に手伝ってもらって、全編台南で撮影。出てくるキャストも全員台南の子達。とても思い出に残っています。コロナも落ち着きやっと海外旅行も出来るようになったし、早くまた台湾に行きたい。

僕の台湾旅はご飯と温泉がメイン。ご飯が美味《おい》しいのは言わずもがな、九州と同じくらいの面積しかないのに多種多様な温泉が出ている超温泉天国台湾。今回は思い出すままに、また行きたい場所を書いていこうと思います。皆さんの旅の参考になれば良いんだけど。

まずは台北の北にある、陽明山《ヤンミンシャン》。陽明山を登ると台北市内が一望できるレストランがあったりする。ここは香港と同じようにお金持ちが住んでいるエリアで、台北の街が見えるエリアは高いけど、見えないエリアはさほどではないらしい。ホテルでもなんでも、見晴らしは高くつくもんだ。そこにある竹子湖《ジューズフー》がとても良かった。海芋《かいう》という水芭蕉《みずばしょう》の一種が綺麗《きれい》に咲いている場所で、なかなかの観光スポット。これを摘んで飾ったりするのが台湾の人は好きみたい。

　ここは漢民族が来る前から住んでいた台湾原住民の方たちのご飯屋さんがたくさんあって、どこも美味しい。台湾の友達からオススメされた「故郷《グーシァン》」というお店でご飯。結構な人気店で普段は大混雑らしいが、その日はタイミングがよくてすんなり入れた。鳥が美味しい。台湾は鳥と豚が美味しい。個人的に台湾の牛はあんまり美味しいなーと思った事がないが、鳥と豚は別格に美味《うま》い！　そして芋《いも》の汁、地瓜湯《ディーグワタン》。これ、30元で取り放題。めちゃ美味い。さつまいものお汁でホクホク。あと檳榔《ビンロウ》というタバコみたいな嗜好品の赤い実があるんだけど、それの葉っぱだったか茎だったかを炒めたものがめちゃ美味かった。食べ終わる頃にはお店も大行列。海芋の畑を歩いて回る。何本か買って、教えてくれた友達にお礼であげた。

　そして温泉へ。馬槽花藝村《マーツァオホワイーツン》。山の中にある秘湯。硫黄の泥湯に入れる。もちろん露天風呂。最寄りのバス停から、歩いて20分くらい。めちゃ野犬がいて、ちょっと怖い。車やバイクで行く事をオススメします。交通の便は悪いけど、行く価値あり！　硫黄がめちゃくちゃ強い！　もうお湯が水色に見えるほど。これほど強い硫黄温泉は鹿児島で入って以来。山に囲まれた温泉は比較的清潔で気持ち良い。露天は広々としていて全部で6つも大きな浴槽がある。熱めのお湯からぬるめのお湯。そして泥湯。水風呂もある。電気風呂まで。他には打たせ湯もあるが、これの水圧が強烈！　日本とは訳が違う。火事の時に火を消すくらいの勢いでお湯が噴射される。痛いくらい。早速、泥湯へ。身体《からだ》に塗りたくって乾かす。パリパリになったら取る。天然の泥パック。肌がすべすべだ。台湾の人は前を隠さ

30
碗
元
地
瓜
湯

ない。みんな全裸で平気なのだ。そしてやたら長くいる。浴槽と着替えるところも全てオープンスペース。仕切りがない。なので、みんな机に寝たり、トランプやったり全裸で思い思いに過ごしている。気持ち良さそうだ。聞けば一日中そうして過ごすらしい。みんなお弁当を持って来て食べたり、本を読んだりしている。海外のビーチリゾートのプールサイドを想像してもらえれば良いと思う。僕も住んでいたらそんな風に過ごしてみたい。温泉最高！

　充分楽しんだので帰路へ。台北から割と近いのも良い所。必ず行く店が「阿城鵝肉《アーチェンアーロー》」。ここめちゃ美味いし安い！　ガチョウを丸々焼いて切って出す豪快なお店。ちょっとスモークしてある匂いがして美味い！　ここで食べた鴨《かも》の血を固めたものがめちゃくちゃ美味い！　生レバーみたいな食感。なのに、臭み全くなし。本当になんの匂いもしない。ただプルプルしていて美味い。最高！　色とか名前でめちゃくちゃ嫌なイメージあると思うけど、食べたらびっくりするくらい美味いから。はまってメインのガチョウより好きになったくらい。

　あと、台東も再訪したい場所のひとつ。台東は少数民族が沢山住んでいる場所で、台北などの西海岸とはまた違う魅力があるところです。ここで食べた台湾原住民のアミ族の人がやっているご飯屋さんが、台湾で食べた物の中でも1、2を争う美味さでした。アレンという台東の民泊をやっているオーナーに連れてってもらったお店は海沿いにあり、その場で食べるというよりはお弁当屋さんの様な感じ。ここはアーパイ（正式名称はアバイ）屋さんだ、と言うアレン。漢字だと「阿粨」。聞いた事がないので「アーパイって何？」って尋ねたら「アーパイはアーパイ」との事で、他の呼び名はないらしい。それはいいとして、どういう食べ物か聞きたかったんだけど、それは伝わらないみたい。

アーパイはアーパイ。それで良いじゃない。という感じなので、諦めて出来上がりを待つ事に。30分くらいかかって完成。結構かかる。アーパイは出来たてだったからか持てないくらいの熱々。アミ族は山岳民族で、山に登る時にこれを腰に付けて登るらしいです。「日本のおにぎりみたいな感じかな?」と言うと、アレンは首を横に振り「アーパイ」と一言。そんなアーパイ。笹の様な葉で包まれている謎の食べ物、アーパイ。まずは葉を剥《む》いていきます。中からは白い餅の様なものが出てきました。かぶりつくと、さらに中にはいっぱいの鶏肉が。これがめちゃくちゃ美味い!!! マジで台湾1位! 本当に最高に美味しくて、1個ペロリと食べちゃいました。アミ族なら一山越えるくらいの量。日本で言うとちまきみたいなんだけどそれでもないし、とにかくアーパイです。アーパイは絶対に食べて欲しい。アーパイ最高!! 日本のコンビニでも出して欲しい。

　アーパイで腹ごしらえしたら、台湾原住民のパイワン族のおばあちゃんが住む村へ。パイワン族は刺繍《ししゅう》や細工がとても上手《うま》いらしく、いろんな綺麗な工芸品を売っています。しかもこのおばあちゃんは台湾の人間国宝。これは行かない訳にはいかない! という訳で、アレンの車で村まで猛ダッシュ! アレン様様。こういうのも台湾の民泊ならではですね。最寄駅は太麻里《タイマーリー》駅。着くと僕ら以外は誰もいない。陳おばあちゃんはお家にいらっしゃるみたいなのでお邪魔する事に。陳おばあちゃんは日本語もペラペラ。台湾の日本統治時代に教えてもらったらしいです。刺繍は見事としか言いようのない素晴らしいものでした。刺繍の形は陳おばあちゃんの頭の中にしかないらしく、それを今は大学やいろんなところで教えて伝えているそうです。僕はそこで蜻蛉《とんぼ》玉の腕輪を買いました。全ての柄に意味があるらしいので、全部入ってるやつにしました。本当に素敵なのでお勧めです。

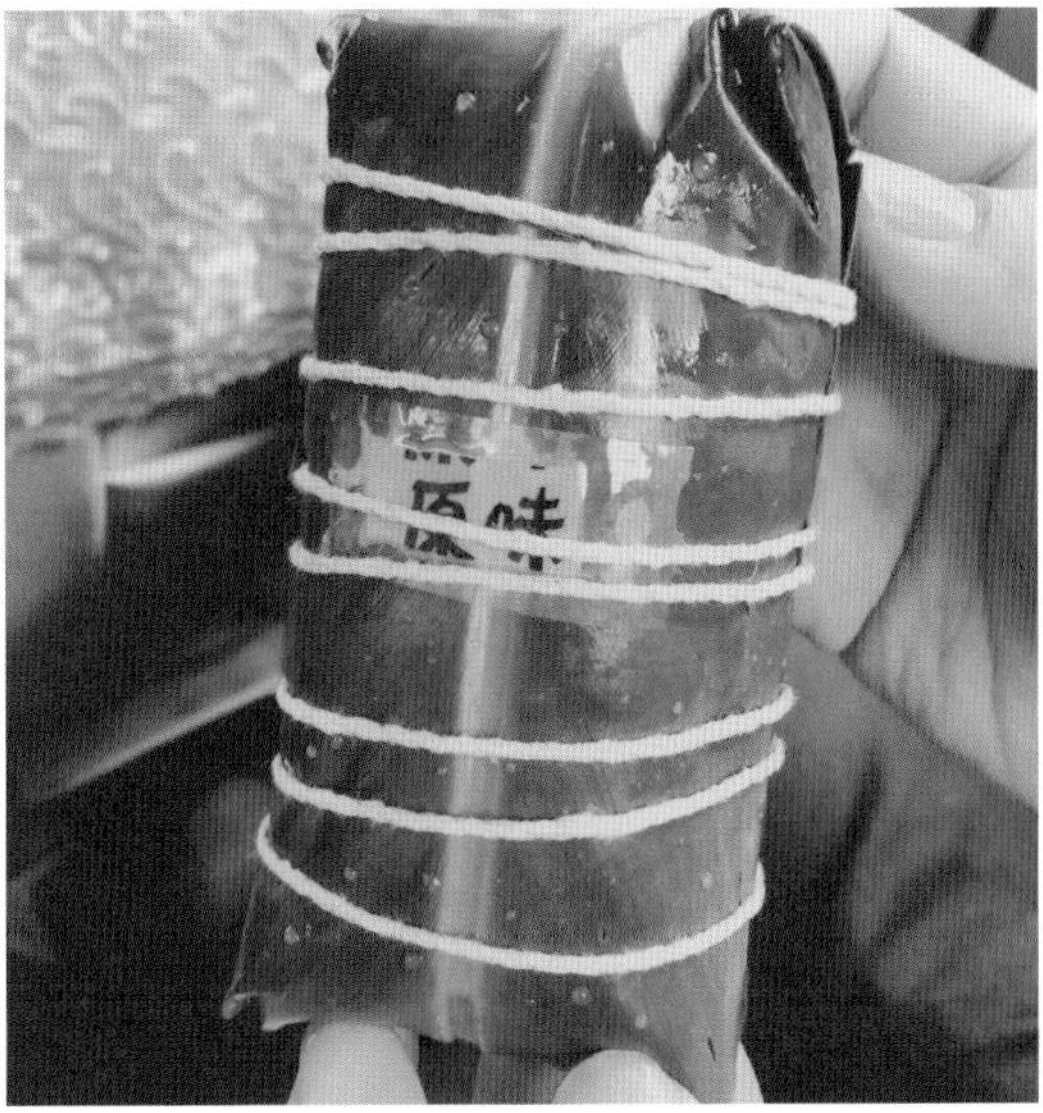
原味

そして台東のメインイベント！　温泉へ！　台東は温泉天国なので、有名な温泉がたくさんあります。そのひとつの知本《ジーペン》温泉に行く事に。ここで台湾の本当に使える情報を。台湾の温泉は裸で入れるところも沢山ありますが、水着じゃないと入れない場所が結構あります。特に大きな露天風呂なんかだと確実に水着着用なので、必ず持って行った方がいいです。それともうひとつ。スイミングキャップ着用も必須事項なので、持って行く事をお勧めします。日本の施設みたいに貸し出しは全くやっていません。買う事は出来ますが値段は高いです。日本と変わらないかそれ以上。なので、温泉を楽しむつもりなら、プールや海で泳ぐつもりはなくても、水着とスイミングキャップは必ず持って行ってくださいね！　知本温泉もまさに水着着用ばっかり。その時は僕以外の人が水着を持っていなかったので、貸切風呂をやっている所を探して入る事にしました。普通の風呂は大きな露天風呂なのに、少し損した気分です。値段もちょっと高いしね。知本温泉は真っ白な硫黄の温泉。池みたいな露天風呂にみんな水着で入っています。僕達は物凄《ものすご》くマッスルなお兄さんの先導で、男３人で貸切風呂へ。貸切風呂はだいたい１人１０００円くらい。まあ妥当でしょう。思ったよりも広いし綺麗だし、快適な露天風呂。ゆっくり山と川を眺めながら入る事ができます。めちゃ最高！

あー、書いていたらどんどん思い出して、すぐにでも台湾へ行きたくなってきました。長くなったので、文章はこの辺で。あっ、花蓮も良い所があって……。

やついいちろう（エレキコミック）
１９７４年三重県生まれ。１９９７年、お笑いコンビ「エレキコミック」を結成。ＮＨＫ新人演芸大賞、演芸部門を受賞。芸人活動と並行して音楽イベントのＤＪとしても活動し、２０１２年より音楽とお笑いのエンターテインメントフェス「YATSUI FESTIVAL!」を主催。ＴＢＳラジオ「エレ片のケツビ！」に出演中。著書に『それこそ青春というやつなのだろうな』（パルコ出版）、『うちの犬がおじいちゃんになっちゃった 愛犬こぶし日記』（カンゼン）がある。

Taiwan Local Guide
by hatsumimi

台湾と日本のカルチャーに精通し、記事やイベントといった活動を通じて様々な交流の可能性を探るWEBマガジン『初耳／hatsumimi』。その土地の生活に息づく洞察に耳を傾ける同誌が監修する、台湾ローカルガイド。

初耳 / hatsumimi

観光名所の外側へ
——「野事草店」と訪ねる、知られざる九份

インタビュー・写真／劉秝綞、コーディネート／Dayday Chen、翻訳／沢井メグ
Special Thanks／野事草店 Wild Herbs Gallery、夾腳拖的家 Flip Flop Hostel

九份《ジウフェン》の「野事草店《イエシーツァオディエン》 Wild Herbs Gallery」は台北の蟾蜍山《チャンチューシャン》を拠点とする「山屋《シャンウー》野事 A Mountain hut」が経営するカフェ。代表の李明峰《リーミンフォン》さんはここで野草の研究を進め、この土地ならではのハーブティーを調合している。お客さんが必ず注文する雞蛋燒《ジーダンシャオ》（玉子ケーキ）は、妻の阿狄《アーディ》さんが伝統的なお菓子を九份の歴史文化を感じられるようアップデートしたものだ。料理を通した文化の再解釈。それは、きっと味わった者に美味《おい》しい記憶を残すことだろう。

今回、『初耳／hatsumimi』では明峰さんに喧騒《けんそう》から離れた静かな街やお気に入りの店を案内してもらった。明峰さんのハーブとの対話と、彼が愛する九份の姿を探っていきたい。

スイーツとハーブティーで味わう九份の自然

「野事草店」で九份を味わうなら「野事雞蛋燒（玉子ケーキ）」を外すことはできない。雞蛋燒にはいくつかのフレーバーがあるが、中でも人気は金箔《きんぱく》が散らされた「淘金《タオジン》熱《ルー》（ゴールドラッシュ）」だ。中には塩漬けにした卵とカボチャのカスタードクリームが入っていて、上から塩キャラメルマンゴーソースがかかっている。ふっくらとした食感で、飽きのこないさっぱりした甘さが特徴だ。もう一皿食べたいくらい美味しい。

九份を象徴するもう一つの要素といえば雨だが、雞蛋燒では雨はお茶の香りたっぷりの「時雨《シーユー》」というフレーバーで表現されている。

「九份は雨の日が一番美しいと思います。『時雨』ではお茶を使うことで、雨上がりの匂いを表現しました」と阿狄さん。メニューには5種類のフレーバーがあるが、さらに2人は九份の物語を形作る要素として「映画」「古い街並み」「アート」の味を構想中だという。

「野事草店」で提供される飲み物には、明峰さんのハーブ愛が色濃く反映されている。明峰さんは植物採取の経験をもとに、既成概念にとらわれない斬新で飲みやすいハーブティーを作り出している。例えば、疲れて元気がない人にはゴボウ、玄米、シゴカ（刺五加）に小油菊を調合した「暖陽散策茶《ヌアンヤンサンツアチャ》」、頭痛や寒気に効果的な「温脈飲《ウェンマイイン》」には、手足を温める作用があるという。また、海が好きな人には海辺で採取されたハーブを調合した「海風的記憶《ハイフォンダジーイー》」もおすすめだ。

阿狄さんは「以前、台北で日楞咖啡 Ryou Cafeというカフェを経営していました。振り返ると、あってもなくても何も変わらないような店だったと思います。でも（野事草

店が取り上げられた）ニュースを見ていると、九份は訪れる人の視野を広げてくれる場所なんだと思いましたね」と話した。２人は店が自分達と旅行者が九份への理解を深めるきっかけを与えてくれたと感じているそうだ。

地元が認める「最も美味しい店」

明峰さんが夕食におすすめするのが「食不厭《シーブーイエン》」。塩漬けした午魚《ウーユー》（ミナミコノシロ）を熟成させて作る一夜干しが絶品で、その人気ぶりは台湾では改めて紹介する必要はないほど広く知られている。

　そんな食不厭が表現する里山の味はちょっとワイルドだ。薄く切られた豚耳のテリーヌは、台湾バジルをのせ、スパイスをさっとまぶして食べる、暑気を取り除く前菜。名前こそフランス語だが、その味わいは台湾そのものだ。イカの生姜《しょうが》炒めは隠れた看板メニュー。釣ってすぐ急速冷凍した新鮮なイカにさっと火を通すことで、さっぱりとした味わいになっている。九份に海と山があるように、「食不厭」では海の幸も山の幸も存分に味わうことができるのだ。

山の風と海の風が交差する場所

ほとんどの人が日帰りで九份を旅するが、九份が最も美しいのは日没と明け方だ。

「綠光 Green Ray」は2020年7月にリニューアルオープンした民宿。元の家主がゲストハウス「夾腳拖的家 Flip Flop Hostel」に古建築を託し、改装されて現在の姿になった。九份の観光プロジェクト「山中夢遊（＊1）」の宿の一つで、晴れの日限定のナイトツアーや、宿の管理人がいざなう九份の生活体験などのプログラムが人気だ。

阿狄さんのお気に入りは雨上がりの九份だが、「綠光 Green Ray」の管理人Saberさんは「九份の人が一番好きなのは夏の夜ですね」と話す。夜風に吹かれながら、夜の海を眺めるのだそうだ。「湿度が高いので、よく霧が発生します。道はもちろん、空にもモヤがかかるんです。お客様に『九份では星空が見えないのか』と聞かれたことがありますが、星なら海の方にたくさんありますよ」

夏は九份の漁が盛んな時期でもある。海を眺めると、操業中の漁船の光が星のように瞬いていた。

もし九份の古い街並みに飽きたなら、それは新たな九份の顔を探しに行く絶好のタイミングだ。
大通りの裏にある「穿屋巷《チュアンウーシァン》」と呼ばれる軒下が連なる路地を歩いてみよう。迷子の心配なんかいらない。穿屋巷は全て大通りに繋《つな》がっている。穿屋巷にある廟中廟《ミャオジョンミャオ》では、歴史ある繊細なマジョリカタイルや巧みな對聯《ドゥイリエン》（＊2）が見られ、神の加護を受けた人たちが感謝を捧げている。九份に泊まるなら早起きした方がいい。九份の日の出は、現地に長年住む人でもまだ掴《つか》みどころがない不思議な風景だ。山の風と海の風が交差する場所――九份。朝日が昇る頃、空はスミレ色に染まっているだろう。

（＊1）山中夢遊＝宿泊予約システムOwlNest下の旅行の総合プラットフォーム「故事所OwlStay」によるプロジェクト。九份の5カ所の宿泊施設、および5名のアーティストとコラボし、九份の自然、アート、料理など里山ならではの旅の物語を提供している。
（＊2）對聯＝門の両脇に貼る対句を記した装飾品。

Info

野事草店 Wild Herbs Gallery
営業時間：11:00–18:00
（不定休、詳細は公式Facebookでご確認ください）
住所：新北市瑞芳區輕便路147號

食不厭
営業時間：11:30–14:00, 17:00–20:00
住所：新北市瑞芳區金光路221號

綠光 Green Ray
住所：新北市瑞芳區輕便路320號
お問い合わせは「夾腳拖的家 Flip Flop Hostel」まで

寄せては返す波のように

——サーファー・佐藤健二が案内する宜蘭・頭城～礁溪

インタビュー・写真／清元、コーディネート／Dayday Chen、翻訳／沢井メグ
Special Thanks／Wagamama 台灣

前日に台北市を襲ったゲリラ豪雨の音がまだ耳に残っている。宜蘭《イーラン》に続くトンネルを走る車の中では、今日の取材がうまく行くかどうかという不安と何かの授賞式にでも向かうかのような緊張感があった。そうこうしているうちに、トンネルの出口の光はどんどん大きくなってくる。トンネルを抜けると、そこには大きな青空が広がっていた。

宜蘭の空は新海誠《しんかいまこと》作品のように青い。そこに時折、綿のような白が混じる。『初耳／hatsumimi』取材班は、今日の案内人・健二さんと、太陽に照らされ目に刺さるように真っ白なアイスクリームショップ「海製商行《ハイジーシャンハン》」で待ち合わせていた。健二さんに、休日のルーティンを再現してもらうのだ。

厳密に言うと、健二さんの休日は「海製商行」から始まるわけではない。本来なら夜が明けるか明けないかという時間にクリステンソンでオーダーしたサーフボードを持って海に行くところから始まる。そしてエメラルド色の龜《グイ》山島《シャンダオ》に向かって、揺らめく波に身を任せる——。

彼の名は佐藤健二。神奈川県出身の海の男で、かつて台北にスケートボードブームを起こした「CABA'S SKATE SHOP」や「DELTA SKATE SUPPLY」を経営、また人気ファッションブランド「REMIX」と「Upstairs」の創設者でもある。

寄せては返す波のように——サーファー・佐藤健二が案内する宜蘭・頭城〜礁渓

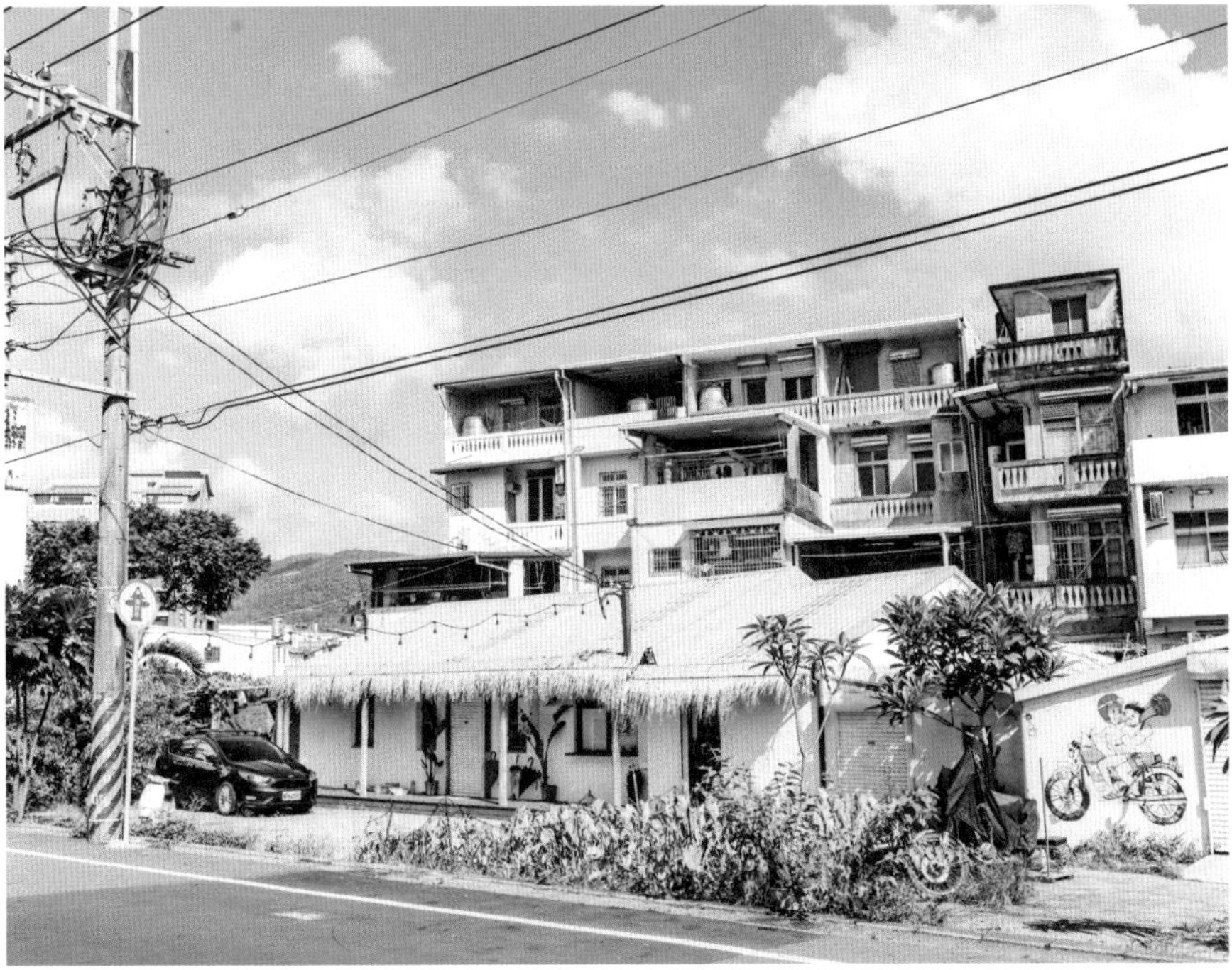

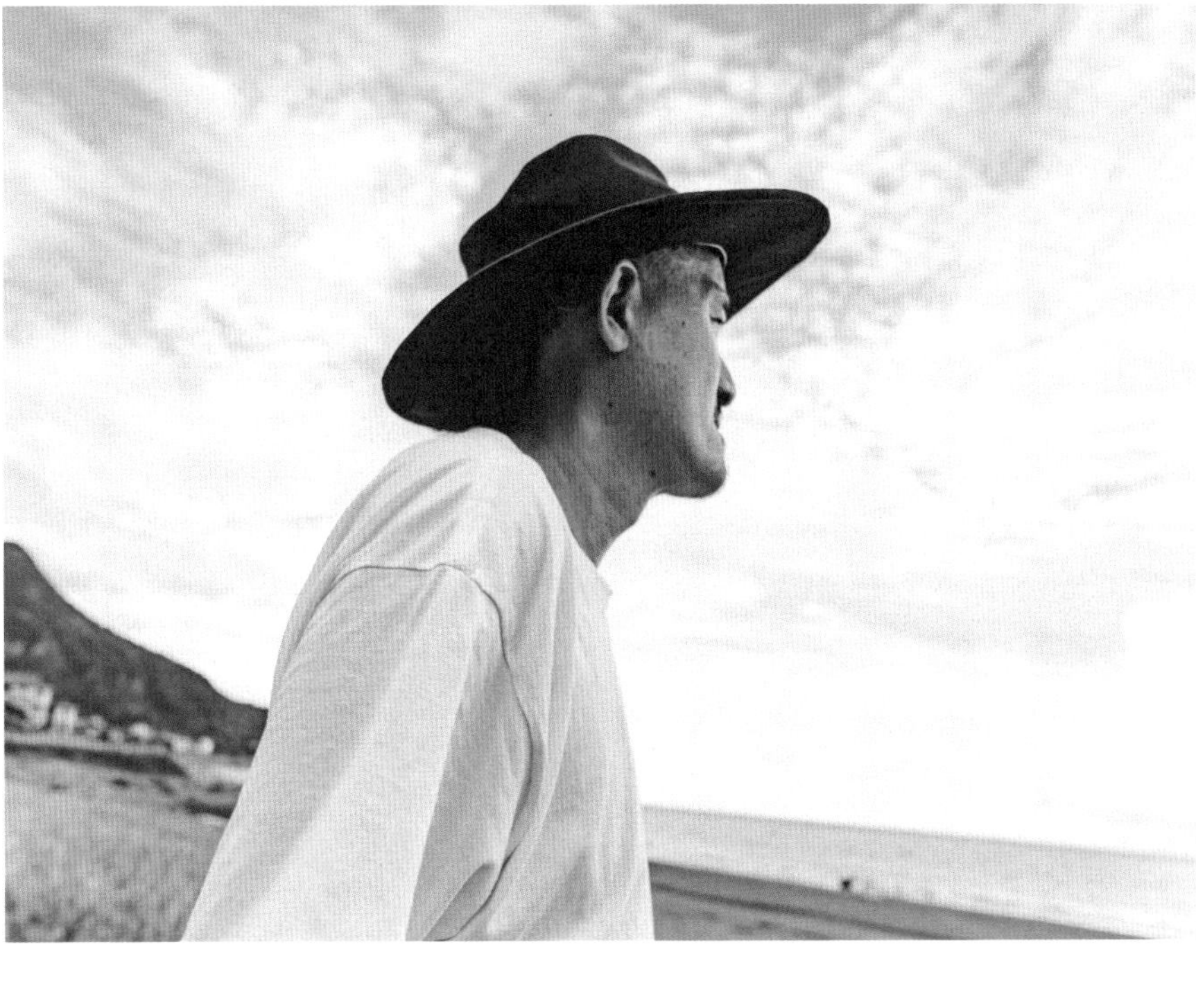

海製商行／霜淇淋浪人店

昔から健二さんをよく知り、彼の下で働いたこともある台南出身のAhbieeさんは宜蘭の海に魅せられ、健二さんと同じ街に住んでいる。大学ではプロダクトデザインを専攻。サーフボードに乗ったときに体の奥から湧き上がる喜びを忘れられず、同じくサーフィンがきっかけで知り合った夫の小賀さんと、14歳になる猫のTinoと一緒に海辺で暮らしている。

「海製商行／霜淇淋浪人店《シュアンチーリンランレンディエン》」の前身はサーフボードの修理店。夫婦で力を合わせて店を明るい空間に改装したところ、すぐにサーファーが集まる人気店になった。オーナー特製のダブルアイスを食べながら、床に座ったって構わない。そんな、友達の家に遊びにきたような雰囲気のある店だ。

お店の半分はAhbieeさんの水着ブランド「muiiswim」のアトリエ。「muiiswim」はアジア人女性の体型に合わせて作られており、女性でも安心してサーフィンを楽しめるようデザインされている。アイスクリームショップには、職人のDNAも受け継がれているというわけだ。

Wagamama 台灣

健二さんが台湾に来た22年前、宜蘭の蜜月湾《ミィユェワン》と烏石港《ウーシーガン》は、今の「海製商行」のにぎわいなど想像もできないほど寂しい砂浜だった。しかしその一匹狼のような雰囲気と波に魅力を感じ、健二さんは台湾に移住することを決めたという。

もともと人との交流を大切にする健二さんは、台北から宜蘭への移住を決めたときにサーファーに優しい民宿「Wagamama 台灣」を開業した。台湾にサーフィンに来た日本人のためのツアーや、生活理念に基づいたオリジナル商品の販売のほか、芸能人のお忍び旅行でも利用されているそうだ。健二さんは2頭の犬を連れて、部屋を案内してくれた。そこには健二さんの友人が残したアートが飾られている。花井祐介さんのイラスト、hi-dutchさんの樹脂アート、Rooster Chenさんの写真……いずれの作品も市場ではかなりの高値がつくと思われるが、健二さんにとって大切なのは、友人達が世間に認められていくようすを遠目から見守ることなのである。

白水豆花

「白水豆花《バイシュイドウホワ》」は台北の永康街《ヨンカンジエ》店も人気だが、本店である礁渓《ジャオシー》店はそれ以上だ。開店30分前の12時から行列ができている。外の気温は35度。全ては絹のように滑らかな豆花のためだ。

オーナーの成益《チェンイー》さんとJimmyさんは、サーフィン好きが高じて宜蘭を訪れるようになり、それが「白水豆花」の誕生へとつながった。この日、本物の豆花の作り方を見せてくれたJimmyさんは話す。「宜蘭の水は雪山《シュエシャン》山脈の地下水層に由来しています。ミネラルが豊富なので凝固剤の石膏粉を用いずに豆花を作ることができるんです。手間はかかりますが、大豆の豊かな香りを引き出すことができます。水質が良いからこそできることですよ」。夜市の軽食からヒントを得たというピーナッツ飴《あめ》とパクチーのトッピングは新鮮でありながら懐かしい、幸せな味がする。

「ここに来て、初めて豆花を美味しいと思ったよ」

健二さんの賞賛の言葉を聞いて、Jimmyさんははにかんだ笑顔を浮かべた。

阿源羊肉湯

健二さんはもう一つ「ここに来て、初めて美味しいと思った」という店に連れて行ってくれた。頭城鎮《トウチェンジェン》の「阿源《アーユエン》羊肉湯《ヤンロータン》」である。

撮影も行った筆者からしてみれば、この店は清潔すぎて、油汚れや煙もなく、「台湾らしい絵」が撮れない店だ。しかし、客として訪れるならこんなに嬉《うれ》しい店はない。おかずが並ぶショーケースはきれいに整理され、羊のスペアリブ煮は、アクや余分な油が取り除かれている。健二さんのおすすめというのも納得だ。さっきまであんなに話していたというのに、健二さんは急に無口になって黙々とスープを飲み始めた。

「健二とどこで知り合ったって？　サーフィンだよ」

忙しくても笑顔を絶やさないオーナー夫婦は、健二さんとの出会いのきっかけをこう教えてくれた。サーフィンでは、一度波に乗るとそれぞれが自分のやり方で自然と対話する。言わば個人プレーだ。だがその分、陸に上がると助け合いの精神を忘れない。店が忙しい時間帯になると、健二さんは何も言わずに自然と袖をまくり、皿洗いや野菜の

下ごしらえを進んで手伝う。風変わりに見えるかもしれないが、この場所では当たり前の光景である。

蜜月湾

「まだ時間ありますか？　とっておきの場所に案内したいんです」

　そう言った健二さんに連れられて着いた先は、烏石港だった。広い海と空。そしてくっきりと見える亀山島。都会の俗世にまみれた取材班はその美しい景色に感動のあまり涙をこぼしそうになっていた。しかし、ここが台湾北部の海のレジャーの代名詞となった今、健二さんがこの人々の喧騒《けんそう》が響く砂浜に来ることはめったにないという。舗装されていない道路を車でさらに10分ほど北に向かうと、蜜月湾がある。22年前、健二さんが台湾への移住を決めた場所だ。

　人通りもサーフィンショップの数も烏石港よりはるかに少なく、夏の海は静けさに満ちている。以前と比べ、多少様子は変わりつつあるが、「真東から風が吹くと素晴らしい波が生まれるんですよ」と健二さん。彼の理想とするサーフィンは、はるか昔からこの場所にあるのだ。

　コロナ禍でWagamama 台灣を訪れる日本人は激減し、健二さんの生活も少なからぬ影響を受けた。しかし彼は30年間ずっと波と対話し、向き合い続けている人だ。今、直面している問題も、いつか過ぎ去る日が来るだろう。いい波が来れば、褐色の肌の少年はクリステンソンのボードを抱えて、再び海へと駆け出していくはずだ。

Info

海製商行／霜淇淋浪人店
宜蘭縣頭城鎮開蘭東路32號
Instagram: iicecream_surfer

Wagamama 台灣
宜蘭縣頭城鎮頂埔路一段289巷16號
Instagram: wagamama_taiwan

白水豆花（宜蘭礁溪店）
宜蘭縣礁溪鄉德陽路68號
Instagram: baishuidouhua

阿源羊肉湯
宜蘭縣頭城鎮吉祥路78號
Instagram: ayuanlamb

寄せては返す波のように──サーファー・佐藤健二が案内する宜蘭・頭城～礁渓

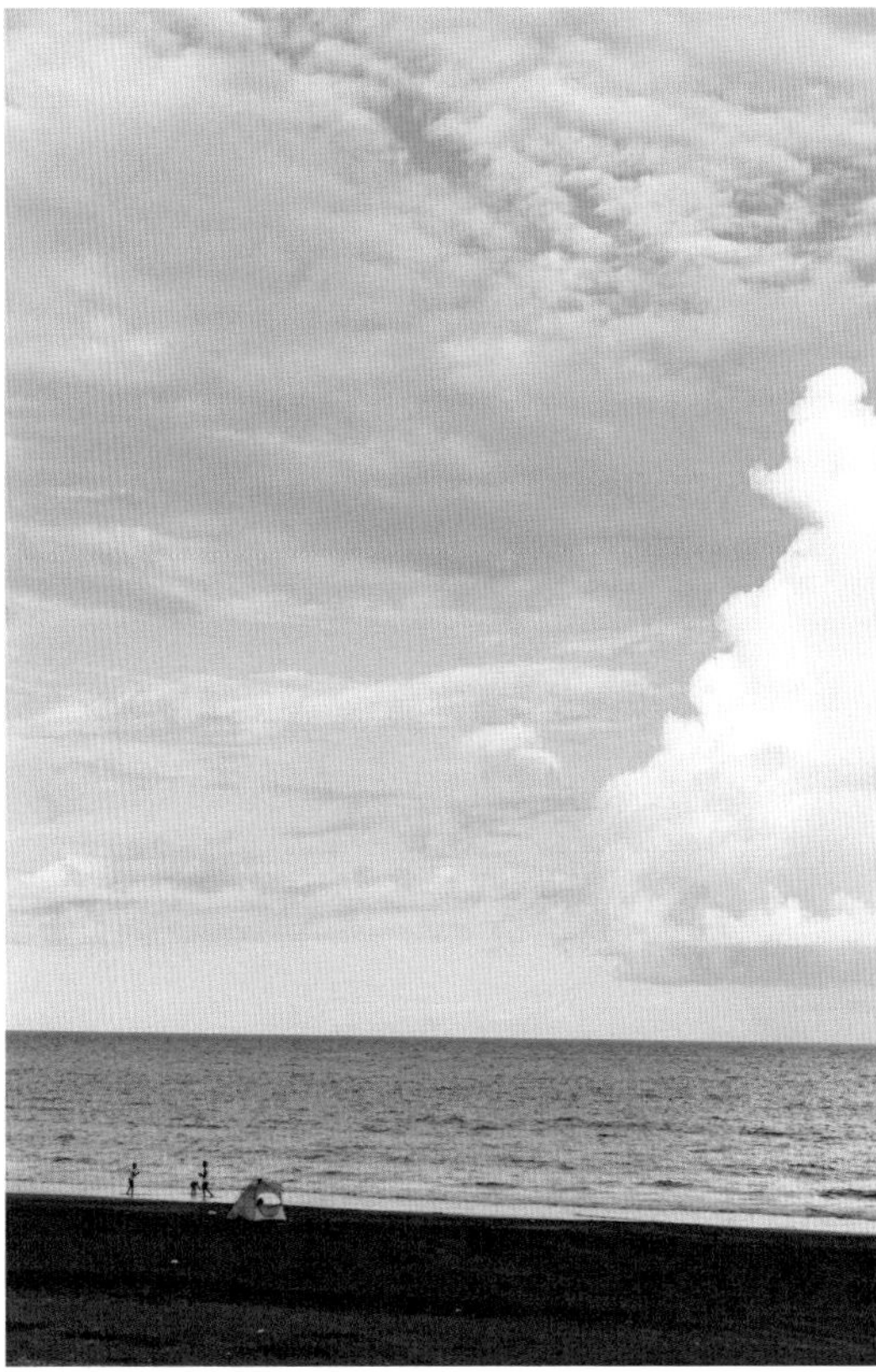

海と山のはざまに回帰する
——台東の大地のパワーを表現する、ハイジとラフィンのアトリエ

インタビュー・写真／清元、コーディネート／Dayday Chen、翻訳／沢井メグ

アートが点在する麗しき平原へ

「待ってましたよ。ちょっとこれを飲んでもいいですか？」

アーティスト・葉海地（Heidi Yip）さんと、邵馬（Lafin Sawmah）さん夫妻が主宰する台東のアトリエ「Laboratory 實驗平台」を訪れ、写真を何枚か撮ろうとしたとき、ハイジさんは慌てて机の上の空き缶を片付けた。そしてまだ中身が残るエビスビールをこっそり手にし、飲みながら私達を案内してくれた。

私達が約束の時間に遅れたのではない。インタビューの前に彼女の方から、まずは台東の池上《チーシャン》や関山《グァンシャン》、鹿野《ルーイエ》に行ってその美しさを満喫してほしいという話があったのだ。「行けば、その理由がきっとわかりますから」ハイジさんは事前の電話で何度もそう言った。

そんな台東への旅は1〜2時間で終わるようなものではなかった。今回、『初耳／hatsumimi』取材班は松山空港を発ってから、休む間もなくその景色を目とカメラに焼き付けた。台湾東部を南北に貫く壮麗な「海岸山脈《ハイアンシャンマイ》」が見えてくる。山脈には自然と人間が共存する谷地があり、飛行機の窓やタクシーの窓から、あるいはゆっくりと上昇する熱気球のハンドルを握ったとき、その光景が瞳に飛び込んでくる。それだけではない。台東美術館のアーティスト・王徳瑜《ワンテユ》によるインタラクティブアート『No.101』も

海と山のはざまに回帰する――台東の大地のパワーを表現する、ハイジとラフィンのアトリエ

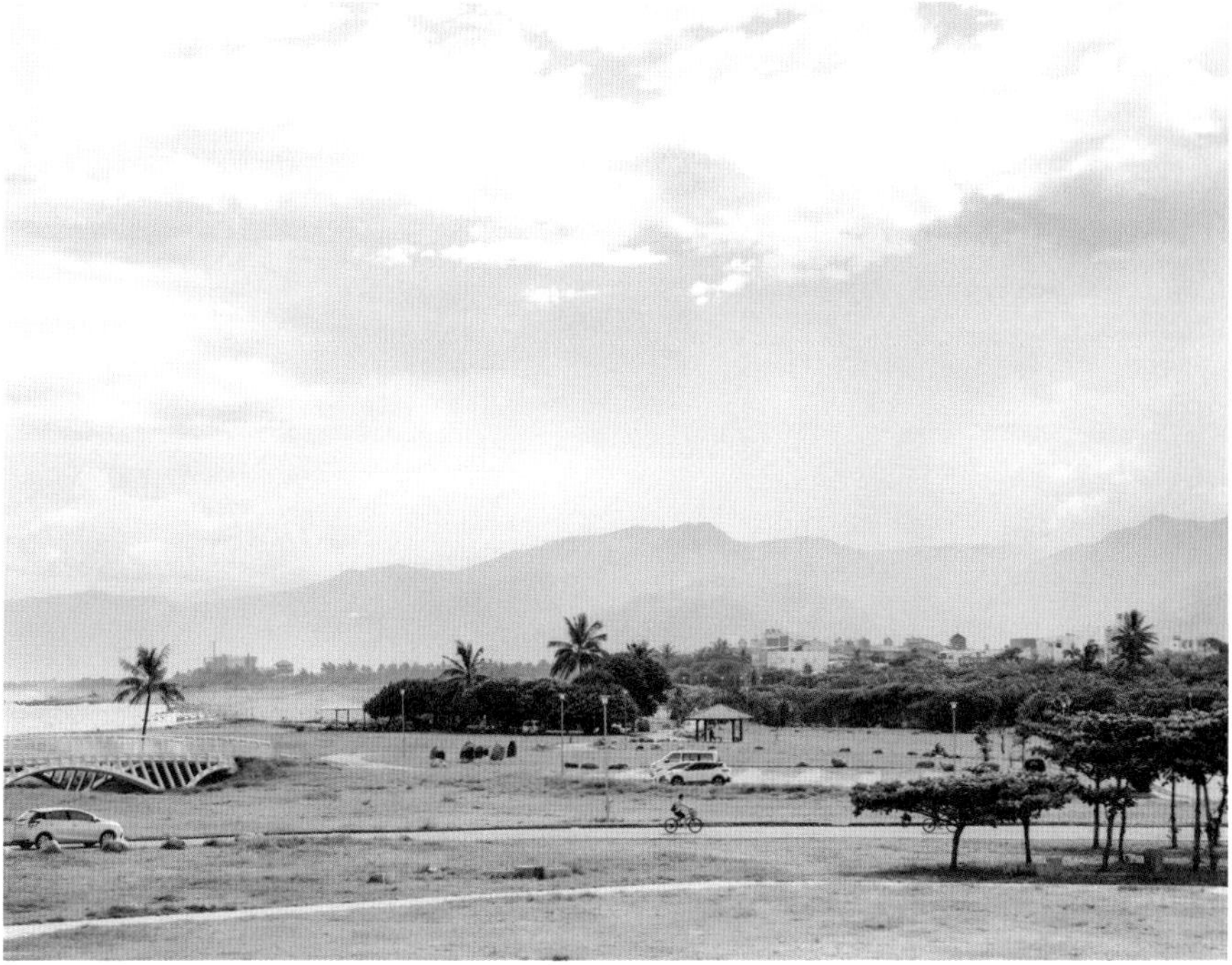

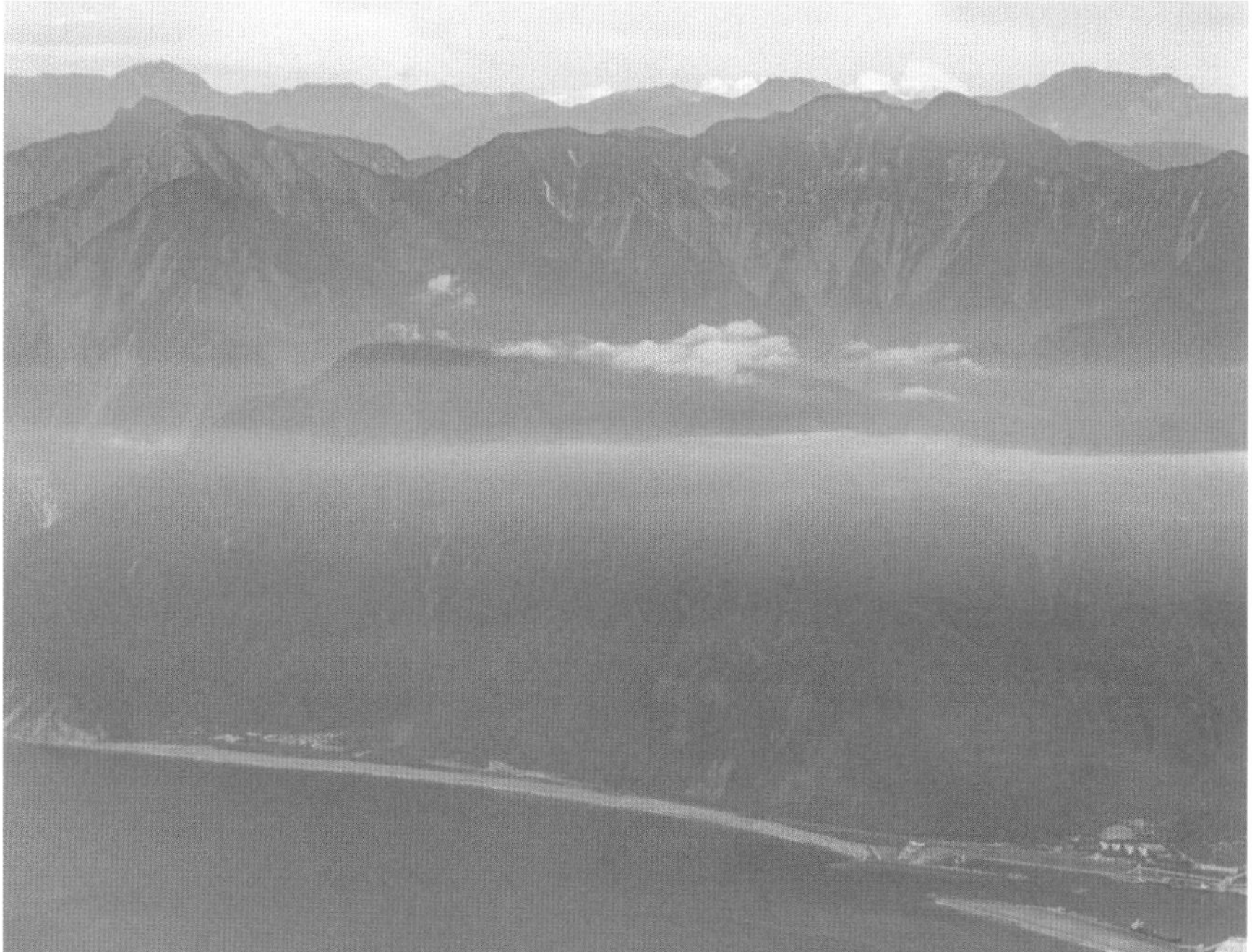

含め、これらは全て「台東」の大地で詠《よ》まれた叙情詩なのだ。時に岬に立って大声で朗読し、時に砂浜でささやき、時に心にしまっておきたい、そんな詩である。

『漂鳥197－縦谷大地芸術祭』は、このような地で開催された芸術祭だ。台湾内外のアーティストが村に滞在し、花東縦谷《ホワドンゾングー》（＊1）の様々な風景をインドの詩聖タゴールの詩集『迷い鳥たち（漂鳥）』の詩と組み合わせ、作品として発表した。2019年に始まったこの芸術祭に、10作の力作が加わり、風土を捉えた20作余りの大型作品が現地を彩っている。数の上では外国の芸術祭に及ばないかもしれないが、素材や形状にこだわって制作された作品は、永遠にその地に残り続けるようなポテンシャルを有している。1年で10作。では、10年後は？　未来にはより多くの作品群を見ることができるだろう。

台東の市街地から県道197号線を北上すると、平易な表現をするなら「一面の緑」と言いたくなるような景色が広がる。だがよく見ると、同じ緑でも異なる明度、彩度の緑が集まっていることがわかる。まるで台東の文化を反映しているようである。台東は様々な民族の文化の種が芽を出し、根を張った場所だ。芸術祭の作品も様々な場所に

設置されている。あるものは客家《ハッカ》人が開拓の拠点とした「魏家庄《ウェイジアジュアン》」に、あるものは母語教育（＊2）を推進している小学校に。またあるものはあまり観光地化されていない風光明媚《めいび》な場所——ここは台湾デザイン研究院の張基義《ジャンジーイー》院長のお気に入りでもある——に。一つひとつの作品の足跡を追うことは作物の収穫を見ているようで、時間が経《た》つのを忘れてしまう。できるだけゆっくりと見て回りたい気持ちに駆られるのだ。

故郷の地で見つけた自分なりの表現

取材班を乗せた車は台30線の玉長公路《ユイチャンゴンルー》を経て、海沿いを走る台11線に入る。ハイジさんからのリクエストを済ませ、ようやく2人を訪ねることができた。会うなり、筆者は思わずこう聞いてしまった。「台東の大地と海はエネルギーに満ちています。芸術家はインスピレーションを得ることができると思いますが、逆に台東のエネルギーに飲み込まれ、自分を見失うこともあるんじゃないですか？」ハイジさんはゴクッとビールを一口飲み、笑いながらこう答えた。「そういうこともあり得ます。だから私達は常に謙

Jens J. Meyer『Tree Space（笠）』素材：紡織布、ロープ。場所：萬安小学校

虚な姿勢でいるよう心がけているんですよ」

話し言葉だけでハイジさんの出身地を推測するのは難しい。彼女は香港で生まれ、10歳の時にカナダへ移住し、その後イタリアへ留学。アジアとアフリカをバックパッカーとして巡り、ニューヨークで就職した。この「迷い鳥」のような人生で多くの雄大な景色を見てきたが、ある時、仕事で訪れた台東で見た太平洋の波間に行くべき道がかすかに見えた気がしたという。台東の地がその道を探すことを歓迎しているように思えたハイジさんは、その後何度も来台するようになる。そこで出会ったのが褐色の肌を持つアミ族の青年で、後に夫となるラフィンさんだった。

当時のラフィンさんは、住んでいた長光《チャングアン》集落の同胞と同じように「國語（台湾華語）」を学び、洋服を着て台北に行けば仕事があり、いい生活ができると考えていた。舞台照明の仕事をして暮らしていたが、時が経つにつれて生きている実感が薄れ、将来がわからなくなっていったという。

「表向きは故郷に呼び戻されたという形ですが、実際のところ、台北では理想的な自分のあり方が見つからなかったんです」

サングラスの下で、優しげな眼差《まなざ》しで話すラフィンさん。都市の生活で心が疲れたのだろうか、故郷の海が奏でる歌声に癒され、今では人生の辛《つら》かった時期を穏やかに語ることができるようになった。10年と少し前、ラフィンさんはハイジさんを連れて故郷に戻り、アミ族の言葉を学び直し、心を表現する場所を見つけた。それが流木である。

物語を紡ぐ記憶のかけら

ラフィンさんは、心がざわつくと浜辺で流木を燃やし、種類によって異なる流木の香りを楽しむ。そして、立ち上がる白い煙の中から顔を出す遠い海の記憶にどんどん魅了されていく。

彼の彫刻作品は『漂鳥197－縦谷大地芸術祭』の作品『Kalo'orip（拾い火）』として、魏家庄にある有機農場の畦道《あぜみち》に展示されている。天に向かって伸びる髪の毛は、しなやかで力強い。表現したい感情は優しさ。作品からは、火、土、水の要素を読み解くことができるが、ラフィンさんが最も重視している要素は「Kalo'orip」。アミ族の言葉で「生活の支え」という意味だ。

ラフィンさんの作品は世間がイメージしがちな台湾原住民によるトーテムとは異なる雰囲気を持っている。それは彼が掘りたいのはトーテムそのものというよりも、太古から続く精神だからだ。『Kalo'orip』で顔に多種多様の木目をつなぎ合わせるという手法とその感性は、芸術の専門教育を受けていない人の作品だとは信じがたい。「私は木の声を聴いているだけです」。波に浸食された流木を撫《な》でながら話すその姿は、溢《あふ》れ出す「彫りたい」という感情を抑えるかのようだった。

台東の大地に生かされて

多くの国を流れてきたハイジさんは、常に自分のアイデンティティについて考えてきた。台東に来てもう十数年になるが、いまだに外国人として扱われることもある。しかし前向きで人を笑顔にする力がある彼女は、外国人扱いされることを「常に新鮮な気持ちでいられるということ」と解釈しているという。両足でしっかりと大地の温《ぬく》もりを感じ、束縛されることなく、俯瞰《ふかん》した視野を持つ。そうすると、自身の存在がいかに小さなものか実感できる。ハイジ

拉飛邵馬 Lafin Sawmah『拾火Kalo'orip』素材：原木、流木。場所：池上萬安村魏家庄

さん夫妻の最も好きなリラックス法は、海に潜って台東の恵みを感じる瞬間だ。冒頭のハイジさんの言葉通り、彼らは謙虚でいることに努め、台東の大地に感謝し、ここで生かされることを選んだのである。

ハイジさん夫妻にはアミ族の言葉で「エネルギー」という意味の名を持つ息子がいる。彼はそこら中を駆け回り、目をぱちぱちさせて私達を見ていた。もしかしたら、この空と海に育まれた澄んだ瞳も、いつか街に魅せられ、毎日メトロで通勤するような都会人になるかもしれない。しかし故郷に帰れば彼は田畑を散歩し、海岸から朝焼けを見るのではないか。両親が作品を通して伝えている「どこにいる自分も、どんな自分も誇りに思う」というメッセージを彼が理解するのは、そう遠い未来ではないだろう。

(＊1) 台湾東部の花蓮県と台東県を縦断する、細長い谷間平原。
(＊2) 台湾の「母語教育」＝共通語である國語(台湾華語)ではなく、閩南《ミンナン》語、客家語、台湾原住民の言語など各エスニシティーで話される郷土言語を学ぶカリキュラム。

Info

Laboratory實驗平台
台東縣長濱鄉三間屋三間村6鄰61之1號
長濱のアーティスト・ラフィンとハイジのアトリエ。作品は手彫りの木工細工から家具、絵画、陶器など。現在は完全予約制。

漂鳥197-縱谷大地芸術祭
海岸山脈と中央山脈に挟まれた県道197号を屋外展示場に、フィンランド、ドイツ、トルコ、日本及び台湾から10名アーティストを招き、現地に逗留《とうりゅう》しながら創作をしてもらったことに始まる。県道197号とタゴールの詩集『迷い鳥たち』の世界観を融合させ、道沿いに芸術と文学を展開。訪れる者は作品を探訪する中で、縦谷が内包する美しさとアートの温もりを感じることができるだろう。(「漂鳥197–縱谷大地芸術祭」公式サイトより引用。詳細は「萬物糧倉・大地慶典」を参照のこと)

台南・現地クリエイターの薦めるローカルの名店へ

インタビュー・文／王涵葳、写真／Jimmy Yang
翻訳／沢井メグ

添加物を使わない香り豊かなジェラート

たくさんある行列店の中で、最もにぎやかなのはジェラート店の「蜷尾家《になおや》」ではないだろうか。正興街《ジョンシンジエ》にあるこの店の目玉は、日替わりのアイス。オーナーが無限の遊び心を発揮した大胆な組み合わせのフレーバーが人気だ。実験室のような寒色でシンプルな建物の中に、「蜷尾家」の開発拠点がある。店では果物の産地である台南の特色を生かした、滑らかでさっぱりとした食感のジェラートが提供されている。あなたがこの店を訪れたら、2階のテラス席に行くまでにジェラートを何度か舐《な》めることになるだろう。美味《おい》しそうだから……というのもあるが、一番の理由は添加物を使わずに作られているため、すぐに溶けてしまうからだ。夕食前、食欲を刺激するために食べるのもいい。心にも体にも優しい休憩所だ。

Info

NINAO Gelato 蜷尾家 經典冰淇淋
台南市安平區安北路720號

オーナーは無愛想。でもなぜか魅かれる担仔麺

台南の食事で困るのは、美味しいものがありすぎて何から食べたらいいかわからないことだ。まずは碗粿《ワーグイ》(＊1)にする？　それとも意麺《イーミェン》(＊2)？　はたまた台南米糕《タイナンミーガオ》(＊3)？　迷ってしまうが、やはり外せないのは担仔麺だろう。どこで食べるか、きっとみんなお目当ての店があるはずだ。「無愛想なオーナーの店がおすすめです。不思議な魅力があるんですよね」と語るのはOUTDOORMANの店長・SY氏。彼は忙しい合間を縫って、よく夜にバイクを走らせる。行き先は比較的遅くまで営業している「小公園擔仔麵《シャオゴンユェンダンツーミェン》」だ。夕方から月が空に昇る頃まで営業していて、夕食や夜食として食べることができる。赤い提灯《ちょうちん》が灯《とも》る屋台で茹《ゆ》でられた麺の上には、干し肉とエビが数匹トッピングされる。

(＊1)碗粿(ワーグイ)＝すり潰した米を蒸した料理。
(＊2)意麺(イーミェン)＝台南風鍋焼きそば。
(＊3)台南米糕(タイナンミーガオ／おこわ)に魚鬆(ユーソン／でんぶ)や煮込んだ肉、漬物などがのった軽食。

推薦者:「OUTDOORMAN」孫毅

Info

小公園擔仔麵
台南市中西區西門路二段321號

早起きほどたくさんの部位が楽しめる羊のスープ

台南の隠れた名店で朝食を食べたいなら、早起きが必須である。眠い目をこすりながらタクシーに飛び乗り、行き先の住所を告げる。「羊のスープを食べに行くんだね」と勘づく運転手。さすがはベテラン、美食には詳しい。空がだんだん明るくなる頃、小雨の降る日でも店はすでに満席だ。羊スープ店「無名羊肉湯《ウーミンヤンロータン》」の基本セットはご飯とスープ。食いしん坊なら糸ショウガに油膏《ヨウガオ》（*）と豆板醤《トウバンジャン》をたっぷりかけよう。早く行けば行くほど、羊の様々な部位を楽しむことができる。8時を過ぎると肉の部分しか残っていないそうなので、モツ好きはご注意を！

（*）油膏＝台湾とろみ醤油

推薦者:「毛巾」阿傑、「毛屋」鈺婷

Info

無名羊肉湯（無名羊肉湯－大菜市）
台南市中西區府前路二段144號

自分との静かな時間を過ごせるカフェ

ナビに頼って行くといつも道に迷ってしまう路地の行き止まり。そこにある庭つきの大きな家では、誰もが思いっきり自分の時間を楽しむことができる。夕食後の時間まで営業している「a Room」は漢方茶芸館「手艸生活《ショウツァオションフォー》」の裘米さんのおすすめだ。学生時代から社会人になるまで、何年か前にはここに来てデザインの仕事をしていたこともある。「a Room」は裘米さんに一人になりたいとき深夜のカフェに行くという習慣を作ってくれた。姉妹店「Room A」にも「a Room」と同様に読書スペースがある。座って上を見上げると天井がとても高い。都会ではできないような贅沢《ぜいたく》な空間の使い方だ。何もかも完璧。その中で一つ残念なことを挙げるなら、定番の軽食だった水餃子を作っていたおばあさんが定年退職したことくらいだろうか。

推薦者:「手艸生活」裘米

Info

a Room房間咖啡
台南市東區長榮路一段234巷17號

廟の前で肉をつつく、台南らしい夜

馬公廟の目の前にあるバーベキュー店「葉家燒烤《イエジァシャオカオ》」は席に着く前に、屋台で注文する。メニュー表はない。食材を見て、店主に好きな食べ方や焼き方を伝えて調理してもらうスタイルだ。炭火でじっくりと焼いた料理は絶品。決して焦ってはいけない。すぐに料理を出してもらえるのは、事前に電話で注文していた常連客ぐらいだろう。

このにぎやかで楽しい夕食を薦めてくれたのは編集者の士恩さんだ。「ここは全てがフリースタイルなんですよ！」

店ではお酒も取り扱っているが、店主によると飲みたいものがなければ近くのセブン-イレブンで買って来てもいいそうだ。しばらくすると、年配の夫婦がワインをボトルで持ってきた。神様の前でもロマンチックな夜を過ごしたって構わないのだ。

推薦者:資深編輯 士恩

Info

台南葉家燒烤
台南市中西區開山路130-1號

おうち時間が好きな人も、つい出かけたくなるバー

廟だけでなく、旧跡だって台南の名物だ。信義街《シンイージエ》に残る清朝時代の城門「兌悦門《ドゥイユエメン》」は台南に現存する城門のうち唯一通り抜けられる門で、ちょっと一杯飲みに行きたくなる店「蘿拉冷飲店《ルォラーランインディエン》」からほど近い場所にある。古建築を活用したバーは台南では珍しくないが、「蘿拉」には独特の魅力がある――お酒以外にも食事と音楽があるのだ。英国のロックバンド・キンクスと言えば、ロックを愛する人にとっては青春の思い出だろうが、それは「蘿拉」のオーナーも同じ。店にはそこかしこに青春の面影を見ることができる。このお店をおすすめする鈺婷さんは、漁光島《ユーグァンダオ》で最も美しいと称される民宿「毛屋《マオウー》」を家族と経営している。平日の夜は何をするわけでもなく家にいるが、もし出かけるとしたら「蘿拉」へ足が向くことが多いそうだ。そこで気軽に一杯飲みながらアップルシナモンピザをつつくのである。

推薦者:「毛屋」鈺婷

Info

Lola蘿拉冷飲店
台南市中西區信義街110號

台湾余香マップ

台湾

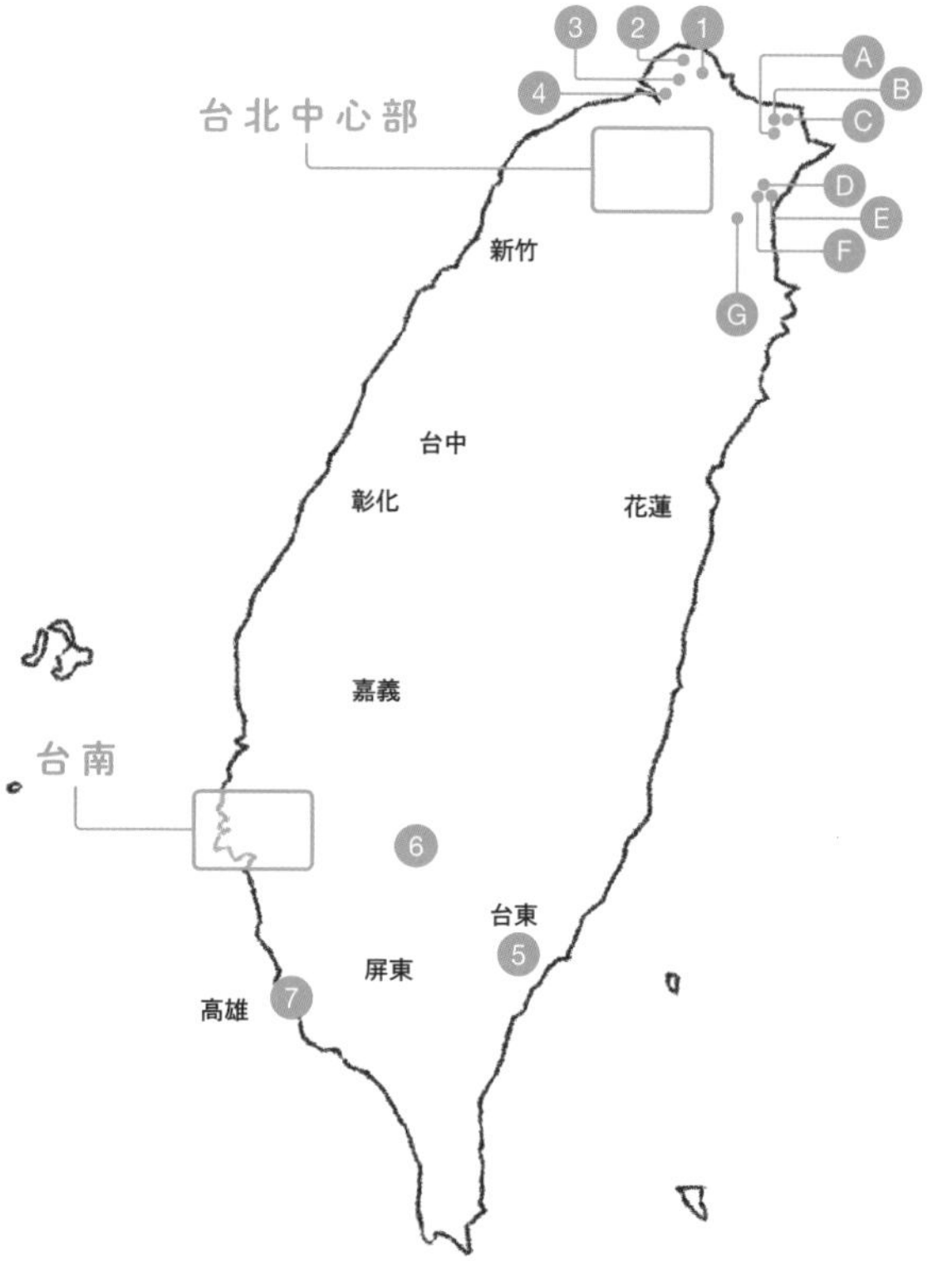

●台湾ガイド的ショートストーリー

1 馬槽花藝村　台北市士林區竹子湖路251巷20號　P.121
2 金剛宮　新北市石門區富基里崁仔腳路41-3號　P.100
3 竹子湖　台北市北投區竹子湖路　P.121
4 北投温泉　台北市北投區　P.34, 70
5 知本温泉　台東縣卑南鄉知本温泉風景区　P.127
6 欣園製茶　高雄市六龜區新發里和平路43號　P.50
7 方記水餃　高雄市新興區六合二路23・25號前　P.48
8 施家鮮肉湯圓　台北市大同區延平北路三段58號　P.19
9 現流冊店　台北市大同區重慶北路三段25巷26號　P.119
10 欣葉 本店　台北市中山區雙城街34-1號　P.89
11 林華泰茶行　台北市大同區重慶北路二段193號　P.36
12 龍山寺　台北市萬華區廣州街211號　P.67
13 人和園　台北市中山區中山北路二段112號2樓　P.59
14 田園城市生活風格書店　台北市中山區中山北路二段72巷6號　P.81, 116
15 PAR STORE　台北市大同區赤峰街3巷1號B1　P.80
16 朋丁 pon ding　台北市中山區中山北路一段53巷6號　P.81, 116
17 阿城鵝肉　台北市中山區吉林路105號　P.123
18 魯旦川鍋　台北市中山區建國北路二段16号　P.32
19 阜杭豆漿　台北市中正區忠孝東路一段108号2樓-28　P.12
20 moom bookshop　台北市大安區忠孝東路三段251巷8弄16號　P.81
21 點水樓（南京店）　台北市松山區南京東路四段61號　P.57
22 長白小館　台北市大安區光復南路240巷53号　P.101
23 松山文創園区　台北市信義區光復南路133號　P.115
24 誠品生活 松菸店　台北市信義區菸廠路88号　P.115
25 永和豆漿大王（復興南路店）　台北市大安區復興南路二段102號　P.10
26 大安森林公園　台北市大安區新生南路二段1号　P.61
27 鼎泰豊（信義店）　台北市大安區信義路二段194號　P.59
28 nos:books　台北市大安區泰順街2巷14號2樓　P.116
29 小慢　台北市大安區泰順街16巷39號　P.78
30 牯嶺街の通り　台北市中正區牯嶺街　P.110
31 小小書房　新北市永和區文化路192巷4弄2-1號　P.116
32 客家小館　新北市永和區智光街22號　P.89

台北中心部

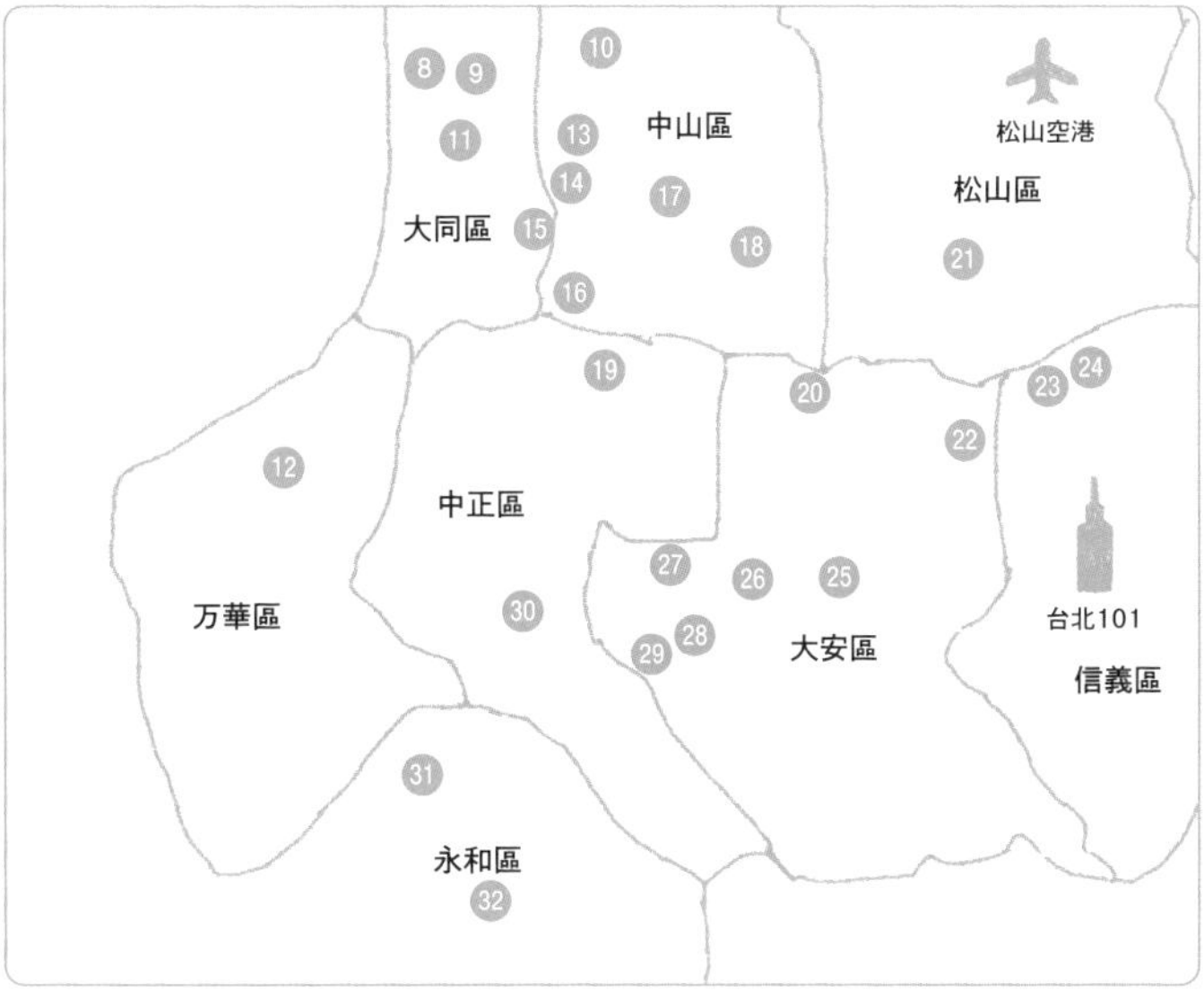

台南

●『初耳／hatsumimi』的台湾ガイド

- A 野事草店 Wild Herbs Gallery 新北市瑞芳區輕便路147號 P.130
- B 綠光 Green Ray 新北市瑞芳區輕便路320號 P.134
- C 食不厭 新北市瑞芳區金光路221號 P.133
- D 阿源羊肉湯 宜蘭縣頭城鎮吉祥路78號 P.141
- E 海製商行／霜淇淋浪人店 宜蘭縣頭城鎮開蘭東路32號 P.138
- F Wagamama台灣 宜蘭縣頭城鎮頂埔路一段289巷16號 P.139
- G 白水豆花（宜蘭礁溪店） 宜蘭縣礁溪鄉德陽路68號 P.140
- H NINAO Gelato 蜷尾家 經典冰淇淋 台南市安平區安北路720號 P.152
- I 無名羊肉湯 台南市中西區府前路二段144號 P.154
- J Lola 蘿拉冷飲店 台南市中西區信義街110號 P.157
- K 小公園擔仔麵 台南市中西區西門路二段321號 P.153
- L 台南葉家燒烤 台南市中西區開山路130-1號 P.156
- M a Room 房間咖啡 台南市東區長榮路一段234巷17號 P.155

※掲載情報は2023年7月時点のものです

台湾余香《たいわんよこう》

15人のクリエイターによる、台湾ガイド的ショートストーリー

発行日　2023年9月18日 第1刷

著　者　青葉市子／石田真澄／犬山紙子／内沼晋太郎／神谷圭介／小林エリカ／TaiTan／武田砂鉄
田中佑典／タナダユキ／夏目知幸／マキヒロチ／マヒトゥ・ザ・ピーポー／星野奈々子／やついいちろう
(50音順)

ブックデザイン　中澤耕平／大下琴弓 (STUDIO PT.)
装　画　山本万菜
編　集　たなかともみ (HOEDOWN)
奥村健太郎 (HOZO)
協　力　台湾観光局
初耳／hatsumimi (編集長・小路輔)

発行人　宇都宮誠樹
編　集　田代貴之／堀江由美
発行所　株式会社パルコ
エンタテインメント事業部
東京都渋谷区宇田川町15-1
https://publishing.parco.jp

印刷・製本　図書印刷株式会社
Printed in Japan

ISBN978-4-86506-432-2 C0095

以下の原稿は、WEBマガジン『初耳／hatsumimi』に掲載された記事を加筆・再編集しています。

P130−P135「観光名所の外側へ———「野事草店」と訪ねる、知られざる九份」
「繞離老街, 才有我們最喜歡的風景——野事草店私藏的道地九份」
(https://hatsumimi-mag.com/2020/08/06/taiwantabi001/)／公開日:2020年8月6日

P136−P143「寄せては返す波のように——サーファー・佐藤健二が案内する宜蘭・頭城〜礁溪」
「浪起浪落, 都是人生滋味——拜訪浪人健二的宜蘭, 乘浪漫遊頭城與礁溪」
(https://hatsumimi-mag.com/2020/08/13/taiwantabi002/)／公開日:2020年8月13日

P144−P151「海と山のはざまに回帰する——台東の大地のパワーを表現するアーティスト、ハイジとラフィンのアトリエ」
「回到長濱的山海之間, 拜訪台東土地滋養的藝術家——葉海地與拉飛・邵馬的工作室」
(https://hatsumimi-mag.com/2020/10/01/thestudio001/)／公開日:2020年10月1日

P152−P157「台南・現地クリエイターの薦めるローカルの名店へ」
「來去日落台南夜, 9位內行人x三種路線」
(https://hatsumimi-mag.com/2019/08/08/來去日落台南夜, -9位內行人x三種路線/)／公開日:2019年8月8日